Andreas Nieweler (Hrsg.)

Französisch Innovativ Bd. 2

Filme im Unterricht

Ernst Klett Sprachen
Stuttgart

Bildquellennachweis

19.1 Interfoto (NG Collection), München; 19.2 Imago (Unimedia Images), Berlin; 19.3; 19.4 Interfoto (MNG Collection), München; 19.5; 19.6; 19.7; 19.8; 19.10; 19.11; 19.12; 19.13 © 2004 IMAV éditions/Goscinny - Sempé; 19.9 2004 IMAV éditions/Goscinny - Sempé; 21.1 Interfoto (NG Collection), München; 21.2 Picture-Alliance (Photoshot), Frankfurt; 21.3 Thinkstock (Brand X Pictures), München; 21.4 iStockphoto (Leigh Schindler), Calgary, Alberta; 21.5 Thinkstock (Hemera), München; 21.6 shutterstock (Minerva Studio), New York, NY; 21.7 iStockphoto (Birgitte Magnus), Calgary, Alberta; 21.8 dreamstime.com (Pkchai), Brentwood, TN; 21.9 iStockphoto (Warren Goldswain), Calgary, Alberta; 23.1 Imago (Unimedia Images), Berlin; 38.1; 38.2; 38.3; 38.4 Haut et Court (Pierre Milon/Georgi Lazarevski), Paris; 39.1 Haut et Court (Georgi Lazarevski), Paris; 39.2; 39.3; 39.4; 39.5 Haut et Court (Pierre Milon/Georgi Lazarevski), Paris; 41.1 laif (Stephane Audras/Rea), Köln; 42.1 Süddeutsche Zeitung Photo (Rue des Archives/RDA), München; 44.1 ddp images GmbH, Hamburg; 45.1 Süddeutsche Zeitung Photo (Rue des Archives/Collection CSF), München; 46.1 iStockphoto (Macij Noskowski), Calgary, Alberta; 56.1 France Télévision Distribution, 75015; 57.1; 57.2; 57.3 Studio 37 Orange, Paris; 58.1 Studio 37 Orange, Paris; 59.1; 59.2 Studio 37 Orange, Paris; 61.1; 61.2; 61.3; 61.4 Studio 37 Orange, Paris; 62.1 Studio 37 Orange, Paris; 69.1 Interfoto (NG Collection), München; 70.1 images.de digital photo GmbH (MANDARIN FILMS/Kobal Collection), Berlin; 71.1 images.de digital photo GmbH (MANDARIN FILMS/Kobal Collection), Berlin; 71.2 Interfoto (NG Collection), München; 72.1 Interfoto (NG Collection), München; 73.1 images.de digital photo GmbH (Cirrus/Kobal Collection), Berlin; 80.1 Interfoto, München; 82.1; 82.2 Interfoto (NG Collection), München; 83.1 Interfoto (MNG Collection), München; 84.1; 84.2 Interfoto (MNG Collection), München; 100.1 ddp images GmbH (Capital Pictures), Hamburg; 102.1 © 2009 HUGO PRODUCTIONS photo: Julien Bonet; 102.2 shutterstock (Art&design), New York, NY; 103.1 © 2009 HUGO PRODUCTIONS photo: Julien Bonet; 105.1 Getty Images (Pool Bassignac/Turpin - Gamma-Rapho), München; 106.1 © 2009 HUGO PRODUCTIONS photo: Julien Bonet; 107.1; 107.2 © 2009 HUGO PRODUCTIONS photo: Julien Bonet; 110.1 Buchcover "Elle s'appelait Sarah" von Tatiana de Rosnay, Éditions Héloise d'Ormesson © Laif (Ouka Leele/Agence VU), Köln; 112.1; 112.5 Klett-Archiv (Stefan Zörlein), Stuttgart; 112.2 Klett-Archiv, Stuttgart; 112.3 Klett-Archiv, Stuttgart; 112.4 Husemann, Veit R. J., Paderborn; 112.6 Klett-Archiv, Stuttgart

Sollte es einmal nicht gelungen sein, den korrekten Rechteinhaber ausfindig zu machen, so werden berechtigte Ansprüche selbstverständlich im Rahmen der üblichen Regelungen abgegolten. Die Positionsangabe der Bilder erfolgt je Seite von oben nach unten, von links nach rechts.

1. Auflage   ⁷ ⁶ ⁵ ⁴ ³ | 2023 22 21 20 19

Autoren: Martina Angele, Lukas Gehlen, Veit Husemann, Ulrike C. Lange, Andreas Nieweler, Juliane Seeringer

Redaktion: Simone Roth
Layoutkonzeption: Elmar Feuerbach
Gestaltung und Satz: Eva Mokhlis, Swabianmedia, Stuttgart
Umschlaggestaltung: Elmar Feuerbach
Titelbild: shutterstock (JPFotografie), New York, NY;
Illustrationen S. 8: Oliver Lucht, Pfeffer und Salz, Freiburg
Druck und Bindung: CEWE Stiftung & Co. KGaA, Germering
Printed in Germany

ISBN 978-3-12-920303-3

Inhaltsverzeichnis

Im Internet finden Sie Zugang zu weiteren kostenlosen Kopiervorlagen.
Einfach auf www.klett-sprachen.de gehen und den Online-Link **q6n2yf** in
das Suchfeld eingeben.

Vorwort

Filme spielen im modernen Fremdsprachenunterricht eine immer größere Rolle. Das hat zum einen mit der Faszination dieses Mediums zu tun, die es auf Schülerinnen und Schüler[1] wie auch auf Lehrerinnen und Lehrer ausübt. Zum anderen werden v. a. Spielfilme und Literaturverfilmungen zunehmend als originäre Kulturgüter anerkannt – auch in Lehrplänen. Hinzu kommen Veränderungen im medialen Konsumverhalten. Die Jugendlichen heutiger Zeit ziehen oftmals das Anschauen bewegter Bilder, die mehrkanalig Geschichten aus verschiedenen Blickwinkeln, mit Ton und Musik präsentieren, der Eindimensionalität des Lesens vor. Filme vermitteln hautnah erlebte Situationen, die zur Diskussion auffordern und zum Nachdenken anregen.

Doch geht es im Unterricht nicht um das Konsumieren des Mediums Film – hier schmälert bereits die fremde Sprache in erheblichem Maße das Sehvergnügen –, sondern um eine kognitive wie auch affektive Annäherung an authentische Kunstwerke in Form von Hörsehtexten, die uns die frankophone Welt darbietet.

Das Hörsehverstehen als zentrale Kompetenz wird mit Spielfilmen nachhaltig geschult. Wenn in curricularen Verlautbarungen von „mehrfach kodierten" oder „audiovisuellen" Texten die Rede ist, die es zu erschließen gilt, sind vorrangig Filme gemeint. Zunehmend werden diese auch zur Leistungsüberprüfung eingesetzt; ein Grund mehr, sich mit ihnen zu beschäftigen.

Mit der Kompetenzorientierung haben sich auch die methodischen Zugangsweisen verändert. Neben Erschließungstechniken beim Hörsehverstehen werden kulturspezifisch geprägte Charakteristika analysiert und für die Produktion eigener Texte in mündlicher und schriftlicher Form genutzt. Am nachhaltigsten bleiben vielleicht die Gefühle und Spannungen im Gedächtnis haften, die die Figuren und ihre Handlungsweisen bei uns Zuschauern auslösen. Filme leisten zudem einen Beitrag zur Persönlichkeitsentwicklung, indem medial vermittelte Wirklichkeiten in Beziehung gesetzt werden zu eigenen Erfahrungen. Die Beiträge dieses Buches zeigen vielfältige Methoden auf, wie dieses gelingen kann.

Auch in diesem Band der Reihe *Französisch Innovativ* sind die einzelnen Themenbeiträge so aufgebaut, dass Sie Kopiervorlagen (*fiches de travail*, abgekürzt *fdt*) direkt im Unterricht der Sekundarstufen I und II einsetzen können. Die vorgestellten Lernarrangements sind praxiserprobt, modellhaft und methodisch übertragbar. Kooperative Lernformen sind integriert und fördern die Sozialkompetenz. Die Beiträge sind jeweils thematisch orientiert und einem inhaltlichen Schwerpunkt zugewiesen, der sich mit gängigen Lehrplaninhalten leicht vereinbaren lässt:

Die in diesem Heft behandelten Filme sind über die bekannten Wege beziehbar.

– Schule im Film: *Le Petit Nicolas, Entre les murs, Le péril jeune*;
– Aufwachsen in der Familie und Adoleszenz: *Fais-moi des vacances, C.R.A.Z.Y., Le premier jour du reste de ta vie*;
– Deutsch-französische Beziehungen: Zweiter Weltkrieg, Besatzungszeit und Widerstand, Judenverfolgung: *La Rafle, Elle s'appelait Sarah*.

Autoren und Herausgeber wünschen Ihnen viel Spaß und Erfolg bei der unterrichtlichen Umsetzung!

Andreas Nieweler

---

1 Aus Platzgründen und um der besseren Lesbarkeit willen werden die Begriffe „Schülerinnen und Schüler", „Lehrerinnen und Lehrer" etc. durch „Schüler", „Lehrer" etc. ersetzt. Wir fassen damit die weiblichen und männlichen Formen gleichrangig zusammen.

Grundlagen der Filmdidaktik

Andreas Nieweler

Zum Potenzial von Filmen für den Unterricht

Der Gang ins Kino ist für unsere französischen Nachbarn Teil der Alltagskultur, ebenso wie ein Restaurantbesuch beispielsweise. Der Stellenwert des französischen Spielfilms in der Gesellschaft jenseits des Rheins ist enorm; man redet über neue Filme mindestens so intensiv wie über literarische Neuerscheinungen. Allein schon diese Tatsache legitimiert den Film als Gegenstand des Französischunterrichts.

Filme als Teil der Alltagskultur

Beim abendlichen Zappen durch die Fernsehprogramme weiß man oftmals nach wenigen Minuten, ob es sich um einen französischen oder beispielsweise einen US-amerikanischen Film handelt. Auch wenn diese Aussage pauschalierend ist, so wirft sie doch die Frage nach dem „typisch Französischen" auf, das oftmals weniger actiongeladen, sondern eher psychologisierend ganz im Sinne der Altmeister des *septième art* daherkommt. Dem französischen Film wurde häufig der Vorwurf gemacht, er sei zu „intellektuell". Die wie auch immer geartete Andersartigkeit französischer bzw. französischsprachiger Filmproduktionen etwa im Vergleich zu Blockbuster, die Machart der Filme also, kann für interkulturelle Lernprozesse genutzt werden.

Sind französische Filme „anders"?

Das Potenzial von Filmen aus Auslöser für Sprechhandlungen ist immer wieder hervorgehoben worden. Lerner werden häufig stärker als bei schriftsprachlichen Texten zu emotionalen Reaktionen und persönlichen Stellungnahmen herausgefordert (Surkamp 2010: 61). Die Förderung des mitteilungsbezogenen Sprechens als Austausch über das Gesehene kann einen ebenso hohen Grad an Authentizität aufweisen wie der Film selbst. Der Einsatz authentischer Materialien war schon immer eine Forderung des modernen Fremdsprachenunterrichts. Der Film ist ein ideales Mittel dazu, das allein schon vom Medium her gesehen es nicht ermöglicht, mehr oder minder starke Adaptierungen vorzunehmen, wie dies bei literarischen Texten aus Gründen einer didaktisierten Vereinfachung mitunter geschieht. Und schließlich stellt die Fähigkeit, bewegte Bilder zu „lesen" und zu deuten, einen Beitrag zum Erwerb von Medienkompetenz dar. Die Inszenierung einer (fiktiven) Wirklichkeit aus einer bestimmten Perspektive als solche zu erkennen, ist ein zentrales Lernziel der Filmdidaktik.

Der Film als authentisches Material

Die Mehrfachcodierung des Films als Verbundmedium, das mehrere Sinne gleichzeitig anspricht, stellt einerseits einen Anreiz dar, andererseits aber auch ein Hemmnis, das es methodisch aufzufangen gilt. Die größten Herausforderungen aus Lernersicht stellen die Sprechgeschwindigkeit und die Reichhaltigkeit der Lexik dar (*code parlé*, Sprachregister, unbekanntes Vokabular). Der Film als authentisches Material Die Abschiednahme vom Alles-verstehen-Wollen ist v. a. für jüngere Lerner eine psychologische Barriere, die dauerhaft nur durch Erschließungsstrategien und einen Abbau von Frustrationstoleranz erreicht werden kann. Verstehenshilfen liegen im Medium selbst begründet: Geräusche, musikalische Unterlegungen, Körpersprache, Intonation der Protagonisten und vieles mehr gilt es zu berücksichtigen.

Herausforderungen beim Einsatz von Filmen

Im vorliegenden Buch werden verschiedene Kompetenzen geschult, allen voran das Hörsehverstehen, aber auch Schreiben und Sprechen sowie Interkulturelles Lernen. Und schließlich werden auch relevante landeskundliche Kenntnisse vermittelt.

Methodische Überlegungen

Im Zentrum der Filmarbeit stehen das Filmerlebnis und seine Wirkung auf den Zuschauer. Die inhaltliche Auseinandersetzung mit den in Szene gesetzten Inhalten ist Dreh- und Angelpunkt des unterrichtlichen Einsatzes von Filmen – und nicht die mitunter zum Selbstzweck geratende Analyse von Kameraeinstellungen und -bewegungen, Schnitttechniken usw. Dennoch ist die Erarbeitung eines film-technischen Besprechungsvokabulars zur präzisen Analyse sinnvoll. Entscheidend ist die Frage, welche Effekte der Regisseur beim Zuschauer mit der Wahl dieser oder jener Perspektive oder Kamerabewegung bewirken will. Genau wie in der Literatur passiert hier nichts zufällig, sondern filmästhetische Mittel sind in ihrer Intention und Wirkung den sprachlichen ähnlich. Einer inhaltsorientierten Zugangsweise kommt es entgegen, wenn es zum Film ein veröffentlichtes Dreh-buch (*scénario*) gibt. Auch eine Buchvorlage kann im Vergleich mit der filmischen Umsetzung gewinnbringend im Unterricht diskutiert werden, wie dies bei *Elle s'appelait Sarah* wie auch beim *Petit Nicolas* möglich ist. Soll man nun aber der Film als Ganzes zeigen oder segmentieren?

Beim Einsatz von Filmen im Unterricht unterscheidet man grundsätzlich verschiedene **Präsentationsmodi** (vgl. Veneman 2012: 6 f.):

- Sequenzielles Verfahren: einzelne Filmsequenzen werden sukzessive erarbeitet, was zahlreiche *Activités pendant le visionnage* ermöglicht, z. B. das Aufstellen von Hypothesen zum Fortgang des Geschehens. Pausen im Filmablauf ermöglichen eine genauere Analyse, sorgen für Frustabbau und erhöhen die Aufmerksamkeit.
- Blockverfahren: der gesamte Film wird wie im Kino *en bloc* gezeigt. Vorausgehen sollten jedoch Aktivitäten wie die Arbeit mit Filmplakaten, *bandes annonces* oder eine lexikalische Vorarbeit (z. B. themenspezifisches Vokabular, etwa zum 2. Weltkrieg).
- Segmentverfahren: Es werden nur einzelne Filmszenen gezeigt, die unter kulturellen, sozialen oder sprachlichen Aspekten erarbeitet werden.
- „Sandwichverfahren": bei Literaturverfilmungen abwechselnd mit Buchvorlage und Filmsequenz arbeiten. Oder aber ausgewählte Sequenzen werden analysiert und andere z. B. nacherzählt. Eine mögliche Leitfrage einer aspektorientierte Analyse wäre z. B.: Wie wird Spannung erzeugt?

Egal, welche Verfahren die Lehrkraft einsetzt: Am Ende der Unterrichtsreihe sollte den Film nochmals als Ganzes gesehen werden, damit der ästhetische Charakter des Kunstwerks wahrgenommen und wertgeschätzt wird.

Ähnlich wie bei der Textarbeit kann die Arbeit mit Filmen in drei **Phasen** unterteilt werden. Auch können zahlreiche kreative Zugangsweisen aus der Literaturdidaktik übernommen bzw. adaptiert werden.

- *Activités avant le visionnage*: Besprechen des Filmplakats oder der *bande annonce*.

- *Activités pendant le visionnage*: Verstehen von Sequenzen, zentraler Handlungsmuster und Figurenkonstellationen; Zuordnung von Standbildern und Aussagen
  von Protagonisten nach der Methode *scénarimage* (*storyboard*); den Film
  zunächst ohne Tonspur schauen (Sehverstehen) und dabei auf Körpersprache,
  Kameraeinstellungen, Schnitte etc. achten; den Film zunächst ohne Bild, nur mit
  Tonspur zeigen und dabei auf Geräusche, Intonation, musikalische Unterlegung
  achten. Beides lässt sich in arbeitsteiliger Gruppenarbeit kombinieren (eine
  Gruppe nur Ton, eine Gruppe nur Bild, dann Austausch darüber). Letztere
  Verfahren sind allerdings nicht ratsam, wenn Bild- und Toninformationen
  auseinanderklaffen.
- *Activités après le visionnage*: *vrai / faux*-Aufgaben zum Inhalt einer Szene, Szenen-
  und Bilderabfolgen sowie Dialoge rekonstruieren bzw. in die richtige
  Reihenfolge bringen; filmästhetische Mittel (Kameraeinstellungen und –
  bewegungen, Musik) im Zusammenhang der Handlung deuten oder auf einzelne
  Personen beziehen; persönliche Stellungnahmen; Arbeit mit Drehbüchern,
  Buchvorlagen und Rezensionen bzw. Filmkritiken; kreative Rezeption durch
  Schreiben innerer Monologe; Füllen von Handlungssprüngen; Nachspielen von
  Szenen oder eigene Filmsequenzen erstellen.

Weitere methodische Ideen zu diesen drei Phasen finden sich in Grünewald / Lusar
(2006).

Ein innovativer Französischunterricht bemüht sich zudem, kooperative Lernformen
wie Reziprokes Lesen, Sprechkonferenz, Gruppenpuzzle, Rollenspiel,
Gruppenanalyse und Strukturierte Kontroverse einzubinden. Hinweise und
Unterrichtsmodelle finden sich in Heft 116 des *Fremdsprachlichen Unterricht
Französisch*.

Kopiervorlage *fdt 1.1*

Bei Filmen fungiert die Kamera ähnlich wie ein Erzähler in einem literarischen Text.
Durch Kameraeinstellung (*le cadrage*), Kameraposition und –perspektive (*la
position de la caméra, la perspective*) und Kamerabewegung (*les mouvements de
caméra*) werden bestimmte Effekte erzielt. Auch die Schnitte (*le découpage*), die
länger oder kürzer ausfallen können, beeinflussen die Wahrnehmung des
Zuschauers. Die folgende Kopiervorlage ergänzt die einzelnen Beiträge des Buches.

Bibliografie

- *Der Fremdsprachliche Unterricht Französisch*, Heft 91: Le cinéma (mit DVD).
  Seelze-Velber 2008: Friedrich.
- *Der Fremdsprachliche Unterricht Französisch*, Heft 116: Kooperatives Lernen.
  Seelze-Velber 2012: Friedrich.
- Grünewald, Andreas / Lusar, Ricarda (2006): „Spielfilme und Videos". In: Nieweler,
  Andreas (Hrsg.): *Fachdidaktik Französisch. Tradition – Innovation – Praxis*.
  Stuttgart: Klett. 224–231.
- Surkamp, Carola (2010): „Filmdidaktik". In: dieselbe (Hrsg.): *Metzler Lexikon
  Fremdsprachendidaktik*. Stuttgart: Metzler. 60–64.
- Veneman, Cécile (2012): „Le film en classe, c'est la classe! Kompetenzorientierter
  Französischunterricht mit dem Medium Film." In: *Der Fremdsprachliche
  Unterricht Französisch*, Heft 119: Kompetenzorientiert unterrichten mit Filmen
  (mit DVD). Seelze-Velber 2012: Friedrich. 2–11.

Définir la prise de vue

Le vocabulaire ci-dessus vous aidera à définir la prise de vue des scènes de films.

① **Le cadrage : les plans de la caméra**

Le plan d'ensemble
une vue générale, le cadre de l'action

Le plan moyen
un personnage au complet avec un peu d'arrière-plan

Le plan rapproché
le visage et le buste ou la partie d'un objet

Le gros plan
p.ex. le visage ou un objet entier

Le très gros plan / le détail
un détail du corps ou d'un objet

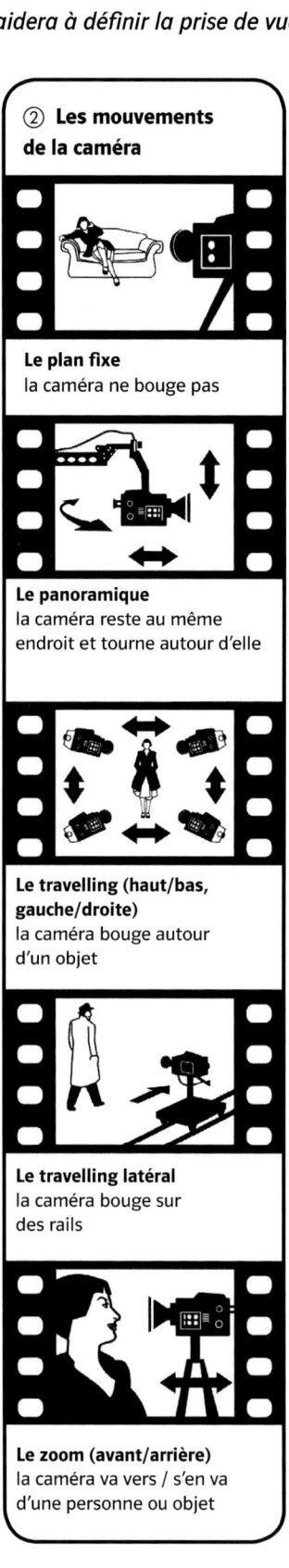

② **Les mouvements de la caméra**

Le plan fixe
la caméra ne bouge pas

Le panoramique
la caméra reste au même endroit et tourne autour d'elle

Le travelling (haut/bas, gauche/droite)
la caméra bouge autour d'un objet

Le travelling latéral
la caméra bouge sur des rails

Le zoom (avant/arrière)
la caméra va vers / s'en va d'une personne ou objet

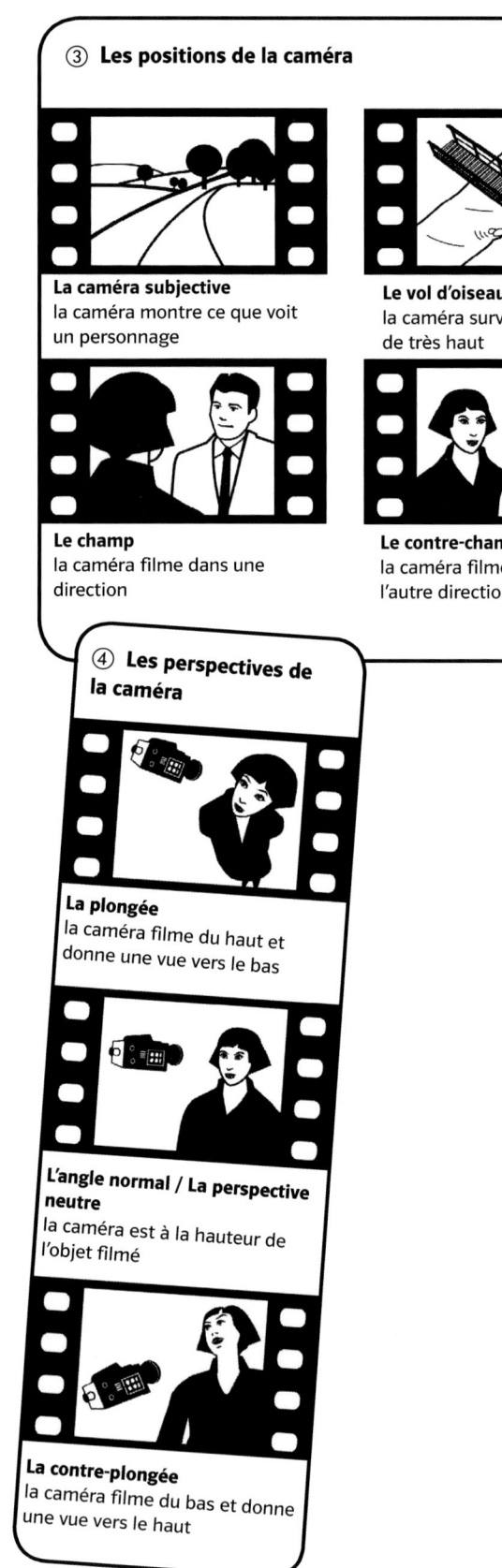

③ **Les positions de la caméra**

La caméra subjective
la caméra montre ce que voit un personnage

Le vol d'oiseau
la caméra survole la scène de très haut

Le champ
la caméra filme dans une direction

Le contre-champ
la caméra filme ensuite dans l'autre direction

④ **Les perspectives de la caméra**

La plongée
la caméra filme du haut et donne une vue vers le bas

L'angle normal / La perspective neutre
la caméra est à la hauteur de l'objet filmé

La contre-plongée
la caméra filme du bas et donne une vue vers le haut

« Le Petit Nicolas », la star des grands-écrans en cours de français : « on a bien rigolé ! »

Veit R. J. Husemann

Von der literarischen Figur zum Filmhelden

Wer kennt ihn nicht, René Goscinnys *Le Petit Nicolas*, der bereits viele Schülergenerationen im Französischunterricht mit seinen Episoden aus dem täglichen Leben zum Lachen brachte und häufig sogar einen der ersten Zugänge zur französischen Literatur überhaupt darstellte. Auch im heutigen Sprachunterricht erfreuen sich die Kurzgeschichten von Goscinny weiterhin großer Beliebtheit.

Ebenso bekannt und unvergessen sind die Zeichnungen von Jean-Jacques Sempé, der die Geschichten rund um *Der kleine Nick*, so die deutsche Version, illustrierte und der Hauptfigur ihr erstes Gesicht verlieh.

In der Tradition französischer Literaturverfilmungen eroberte im Jahr 2009, 50 Jahre nach dem Beginn der gemeinsamen Arbeit von Goscinny und Sempé, *Le Petit Nicolas* die Herzen von Millionen von Zuschauern, und das sogar weit über das Hexagon hinaus. In Frankreich selbst ist es 2009 der Kinofilm mit den meisten Zuschauern. Der immense cineastische Erfolg gab den Produzenten Recht und führte ein Jahr später sogar zu einer weiteren filmtechnischen Umsetzung des literarischen Stoffes in Form einer Zeichentrickserie.

Ebenso wie der Originaltext bietet auch die Verfilmung zahlreiche inhaltlich und methodisch wertvolle Aspekte für eine Behandlung im Französischunterricht, die im Folgenden aufgezeigt werden.

Die Besonderheit des Films

Drehbuchautor Alain Chabat und Regisseur Laurent Tirard greifen die Humor generierenden Elemente, die in der literarischen Vorlage insbesondere durch die kindlich-naive Perspektive auf die Welt der Erwachsenen und die korrespondierenden Zeichnungen evoziert werden, in mehrfacher Hinsicht auf.

Die Filmhandlung spielt, in Anlehnung an die Zeit der ersten Textvorlagen von Goscinny, im Zeitraum der 1950er bis 60er Jahre. Die zeitliche Einordnung gelingt zum einen durch viel Liebe zum Detail im Hinblick auf Requisiten, Farben, Muster bzw. Design, Kleidungsstil etc. Zum anderen wird durch die Darstellung von Schulalltag und Pädagogik, Geschlechterverhältnissen, Rollenbildern und Familienleben der gesellschaftliche Kontext der damaligen Zeit farbenfroh und mit einem deutlichen Hang zur Überzeichnung abgebildet.

Auch die Rollenbesetzung mit besonders überzeugenden Darstellern, die sich eng an den literarischen Figuren orientieren und den gezeichneten Strichmännchen von Sempé auch optisch zu ähneln scheinen, zeugt von einer wohl überlegten filmischen Umsetzung. Maxime Godard als Nicolas und die anderen Kinderdarsteller, die zuvor noch keine nennenswerte Schauspielerfahrung hatten und für den Film eigens gecastet wurden, erhielten in einem Intensivworkshop vor Drehbeginn Trainingsstunden zum darstellenden Spiel.

Der Kontext „Schule" in der erfolgreichen Komödie von Laurent Tirard als Basis für einen motivierenden und kompetenzorientierten Unterricht in der Sekundarstufe I

2009: *Le petit Nicolas* erobert die Kinosäle

Auf der Seite der Erwachsenen wurden Haupt- und Nebenrollen mit namhaften Größen des neuen französischen Films besetzt, so spielt z. B. Kad Mérad, bekannt vor allem aus Dany Boons Erfolgskomödie *Bienvenue chez les Cht'is* den Vater von Nicolas. Die Mutterrolle übernimmt Valérie Lemercier, die u. a. für ihre Rolle in *Les visiteurs* von Jean-Marie Poiré mit dem César ausgezeichnet wurde. Die Klassenlehrerin wird von Schauspielerin und Sängerin Sandrine Kiberlain gefühlvoll interpretiert. Daniel Prévost, prämiert für die beste Nebenrolle in der Komödie *Le Dîner de Cons* von Francis Veber, verkörpert M. Moucheboume, den Chef des Vaters.

Der französische Film als *septième art*

Dass der französische Film als *septième art* durchaus als ein in sich geschlossenes System gesehen werden kann, lässt sich aufgrund von szenischen Querverweisen auf andere französische Filmproduktionen belegen. Das auffälligste Beispiel dafür ist die Szene, in der die Schulklasse im Musikunterricht ein Lied im Chor einstudiert. Nachdem der Chorleiter zunächst nur von hinten zu sehen ist, entpuppt sich dieser bei der anschließenden, kurzen Frontalaufnahme als einer der bekanntesten französischen Schauspieler, der in vielen Produktionen als Regisseur und Produzent mitwirkte: Es ist Gérard Jugnot, der schon als Musiklehrer M. Mathieu in *Les Choristes* einen großen Erfolg feierte.

Das Drehbuch orientiert sich grundsätzlich an der Textvorlage, was den Wiedererkennungswert des Stoffes in vielen Details unterstreicht, beschreibt aber ein in sich eigenes, geschlossenes Handlungsgerüst, so dass man eher von einem Film als einer Verfilmung sprechen muss. Der rote Faden wird um die familiäre Problematik des *Nicolas* gesponnen, der urplötzlich Sorge hat, von seinen Eltern im Wald ausgesetzt zu werden und deswegen mit seinen Klassenkameraden verschiedene einfallsreiche Lösungsstrategien entwickelt, die sich zunächst jedoch als wenig erfolgversprechend erweisen. Die Haupthandlung wird mit einzelnen Details, Momenten und Episoden des Originaltextes verknüpft, u. a. mit solchen, die von Goscinnys Tochter erst spät nach dessen Tod im Nachlass entdeckt und 2004 und 2006 in zwei Bänden unter dem Titel *Histoires inédites du Petit Nicolas* (Paris: IMAV éditions) veröffentlicht wurden. (Goscinny & Sempé, 2009)

Ein Beispiel hierfür ist die Folge, der Goscinny den Titel *La nouvelle* gab, in der die Klasse die Bekanntschaft mit einer neuen Lehrerin macht. Diese vertritt eine Zeit lang die bei den Schülern beliebte Klassenlehrerin und sorgt im Vorfeld schon für Aufregung und Neugier auf Seiten der Klasse. Der strenge Auftritt der Lehrerin, die die tatsächlichen Schülerrollen in der Lerngruppe nicht kennt und diese durch Missverstehen umkehrt, wird eng an der Vorlage nahezu analog im bewegten Bild wiedergegeben.

Die hohe Anzahl an Schnitten und Szenenwechsel, die häufig markante Kameraperspektive auf Augenhöhe der Kinder und die Kommentarstimme des Nicolas aus dem Off vermitteln dem Zuschauer den Eindruck, mit zur Kinderbande zu gehören und über längere Zeit Teil der Welt des Nicolas zu sein.

Einen wichtigen Beitrag zur überzeugenden cineastischen Adaption leistete auch Goscinnys Tochter Anne, die als Drehbuchberaterin in die Filmproduktion mit eingebunden war und auf eine qualitativ hohe Umsetzung der Arbeit ihres Vaters achtete.

FSK ab 0 Jahren

Die Freiwillige Selbstkontrolle der Filmwirtschaft (FSK) hat die erfolgreiche französische Komödie ohne Altersbeschränkung freigegeben und damit als kind-

und jugendgerecht eingestuft. Die Deutsche Film- und Medienbewertung (FBW) verlieh dem Film das "Prädikat besonders wertvoll" und hebt in ihrem Urteil das Identifikationspotential für Jung und Alt mit den Erlebnissen des Filmhelden hervor (n. D.):

> „Vor allem die älteren Zuschauer werden ihre Freude an der Ausstattung haben und nostalgischen Erinnerungen an ihre Kindheit nachhängen. Die Kinder von heute werden sich in den Typisierungen des Klassenstrebers, Vielfraßes und Maulhelden wieder erkennen, über die Schule und Streiche von damals staunen und die Eltern und sonstige Erwachsene mit ihrem oft unverständlichen oder unerklärlichen Verhalten weiterhin manchmal doof finden, aber sich auch von der Lebensfreude und der fröhlichen Welt des Films anstecken lassen."

Grundsätzliches zum Einsatz im Unterricht – Kompetenzschulung

Der Film hat mit einer Spielzeit von ca. 88 Minuten eine überschaubare Länge, die es ermöglicht, den Film nach oder vor einer sequentiellen Betrachtung mit entsprechenden Erarbeitungsphasen im Unterricht in einer 90minütigen Doppelstunde ohne Unterbrechung ganz zu sehen. Generell ist zu empfehlen, der Lerngruppe nicht nur Ausschnitte zur unterrichtlichen Behandlung zu zeigen, sondern eine ganzheitliche Rezeption zu ermöglichen, da der Film als künstlerisch-ästhetisches Werk eine Einheit darstellt, die in erster Linie nur ein Ziel verfolgt: dem Betrachter Freude zu bereiten und ihn mit Situationen und Figuren zum Lachen zu bringen, in denen er sich möglicherweise selbst wiederentdeckt.

Sequentielle oder ganzheitliche Rezeption

Gleichwohl ließe sich der Einsatz des Films auch auf das sequentielle Verfahren beschränken, z. B. um eine Szene, die sich inhaltlich mit einer Episode des Original-textes weitgehend deckt, nach der Lektüre vergleichend anzuschauen (z. B. die Episode *La nouvelle*). Es ist davon auszugehen, dass die Schülerinnen und Schüler durch das sequentielle Verfahren neugierig auf die Rezeption des ganzen Films werden. Egal, ob Blockverfahren oder sequentielles Verfahren, der Film kann im Umkehrschluss ebenso Motivation sein, weitere Episoden des *Le Petit Nicolas* individuell oder im Unterricht zu lesen und damit zur Leseförderung beitragen.

Förderung des Leseverstehens

Rezeption einer Textepisode	→	Rezeption der Filmversion	→	Rezeption weiterer Textepisoden

Ebenso kann das Interesse, weitere französische Filme zu rezipieren, geweckt werden. Ein Vergleich mit Filmen wie *Les Choristes* bietet sich an.

Anders als die deutsche synchronisierte Fassung des Films, die einen unterricht-lichen Einsatz z. B. im Fach Deutsch bereits in der Grundschule als sinnvoll erscheinen lässt und die Lernenden mit gleichaltrigen Filmfiguren zusammenführt, ist es bei der Gesamtbetrachtung der Originalfassung im Französischunterricht ratsam, den Film erst ab dem dritten Lernjahr einzusetzen, da zur Deskription von Szenen, Handlungen und Figuren ein entsprechendes Basisvokabular vorhanden sein sollte.

Einsatz des Films ab dem 3. Lernjahr

Aufbauend auf den vorhandenen Wortschatz ist zusätzlich die gezielte Hereingabe von unterstützendem Material als sog. *scaffolding* ratsam, um den Lernerfolg zu unterstützen und Frustrationen im Hinblick auf anspruchvolles und komplexes Hörsehverstehen zu vermeiden.

Scaffolding für ein erfolgreiches Hörsehverstehen in der Sek. I

Anders als beim Hörverstehen erleichtert das Hörsehverstehen in der Regel das Verstehen durch die zusätzliche visuelle Dimension und ermöglicht damit ein mehrkanaliges Lernen. So können z. B. Dialoge aufgrund der dargestellten Situationen und Handlungen sowie der vermittelten Atmosphäre (hell, dunkel, angenehm, bedrohlich usw.) und musikalischen Untermalung besser in den Gesamtkontext eines Werkes eingeordnet und verstanden bzw. gemutmaßt oder sogar antizipiert werden. Allerdings darf eine solche Wirkung nicht pauschalisiert oder überbewertet werden. So liegt die Voraussetzung für einen tatsächlichen Mehrwert durch die zusätzliche visuelle Komponente darin, dass die auditive und visuelle Dimension inhaltlich kongruent sind. Selbst wenn dies in der Regel gegeben ist, bleibt die Filmrezeption für Lerner eine komplexe und anspruchsvolle Aufgabe.

scaffolding (aus dem Englischen) = Gerüst

Insbesondere in der Sekundarstufe I sind daher unabhängig von der hilfreichen visuellen Dimension beim Hörsehverstehen *scaffolding*-Maßnahmen ein probates und wertvolles Mittel, um im Originalfilm Szenen, in denen z. B. besonders schnell, undeutlich oder nicht standardsprachlich gesprochen wird, (besser) zu verstehen und Lernerfolge zu erleichtern. Dazu können u. a. folgende Maßnahmen beitragen:

Mesures d'aide avant le visionnage d'une scène

- Das Aufbauen einer Erwartungshaltung auf Basis von einzelnen Informationen zur Szene, z. B. durch Bildimpulse wie Screenshots aus der vorgesehenen Originalszene und durch Titel oder kurze Sätze der Originalszene zum Austausch von Vermutungen.
- Das Lesen des Drehbuchs oder der Originalepisode und Antizipieren einer möglichen filmischen Umsetzung.
- Das Semantisieren und Vorentlasten schwieriger Vokabeln oder umgangs- bzw. jugendsprachlicher Ausdrücke, die in der folgenden Szene zu hören sind.
- Das Diskutieren der möglichen (Folge-)Handlung durch Hypothesenbildung auf Basis von bereits gezeigten Szenen.
- Das Bereitstellen von Arbeitsblättern mit Kontrollaufgaben zunächst zum globalen und selektiven Verstehen, die als Leitfaden dienen und vor der Visualisierung besprochen werden, um ebenfalls eine Erwartungshaltung aufzubauen. Die Bearbeitung der Arbeitsblätter sollte allerdings erst nach dem Zeigen eines Ausschnitts stattfinden.

Mesures d'aide pendant le visionnage d'une scène

- Gezieltes Einblenden oder Ausblenden des Untertitels.
- Szenen mehrmals abspielen.
- Erstes Abspielen ohne Tonspur, um die Konzentration auf das visuelle Geschehen zu lenken.
- Bewusste Auswahl der Szenenlänge, um eine zu starke Fragmentierung einerseits und Überforderung der Lernenden durch zu lange Szenen

andererseits zu vermeiden. Volle Konzentration und Aufmerksamkeit sind auf wenige Minuten begrenzt und lassen bei größerer Dauer zunehmend nach.

Mesures d'aide après le visionnage d'une scène

- Nach dem ersten Abspielen offene Fragen zum Gesamteindruck und dem persönlichen Gefallen der Szene stellen. Allenfalls klären, ob bereits etwas verstanden wurde bzw. was schon verstanden wurde. Geschlossene Verständnis- und Wissensfragen vermeiden.
- Erste Eindrücke vorab in Partnerarbeit mittels „Murmelphasen" austauschen lassen, für eine breitere Beteiligung im anschließenden Unterrichtsgespräch.
- Die Bearbeitung von (zuvor ausgeteilten) Arbeitsblättern zur Kontrolle des globalen und selektiven Hörsehverstehens und zur Vorbereitung auf ein detaillierteres Verstehen beim nochmaligen Abspielen der Szene.
- Handlungs- und produktionsorientierte Verfahren, die eine inhaltliche und analytische Vertiefung des Gezeigten erlauben und nach der Rezeption zu einer kritischen Reflexion des Dargestellten führen.
- Als *mesures d'aide* können auch zahlreiche andere *activités avant*, *pendant* und *après le visionnage* in Frage kommen, die generell beim Einsatz von Medien im Unterricht bedeutsam sind.

Literaturempfehlung:
Grünewald, A. und Lusar, R. (2008): „Spielfilme und Videos". In: Nieweler, Andreas (Hrsg.): Fachdidaktik Französisch. Tradition, Innovation, Praxis. Stuttgart: Ernst Klett Sprachen. 224–231.

Der Film ist für den Einsatz im Französischunterricht besonders deshalb günstig, da er als Kulturgut unseres Nachbarlandes zum einen die Schülerinnen und Schüler für das Fach und die Sprache Französisch motivieren und ihr Interesse für kulturelle Aspekte Frankreichs wecken kann. Das Vermitteln von Wissen zur französischen Kinokultur und der *exception culturelle* sowie der Vergleich mit der Wahrnehmung der eigenen Kinokultur ist außerdem Aufgabe des Französischunterrichts (s. Wilts 2008).

Zum anderen regt die Film-Adaptation von *Le Petit Nicolas* aufgrund seines hohen Identifikationspotentials zur Selbstreflexion an und fördert damit u. a. die im Gemeinsamen europäischen Referenzrahmen für Sprachen verankerte interkulturelle Kompetenz, die in diesem Zusammenhang am deutlichsten mit der Dimension der Persönlichkeitskompetenz, dem *savoir être*, einhergeht. Dabei spielt die auf den ersten Blick vielleicht hinderlich wirkende Diskrepanz zwischen dem Alter der Filmfiguren und den Lernenden ab dem 3. Lernjahr eine untergeordnete Rolle. Wie in der o. g. Begründung der Gutachter der FBW angedeutet, erfolgt die eigentliche Identifikation dann über die Erinnerung an die im Film dargestellte Phase der Schulzeit. Kinder, Jugendliche und Erwachsene können sich in die gezeigten Situationen hinversetzen, unabhängig davon, wie viel älter sie im Vergleich zu den Protagonisten sind. Durch das Wiedererkennen und Verstehen des situativen Kontextes und der vermittelten Atmosphäre im Film lassen sich eigene Erfahrungen und Assoziationen mit dem Filminhalt verknüpfen.

Fiktion oder Realität?

Da Bilder in besonders einprägsamer Form Informationen vermitteln und einen starken Einfluss auf Wahrnehmungsprozesse haben, ist es wichtig, im Unterricht den Film richtig einzuordnen. Das bewusste Thematisieren des Fiktionalen und Abgrenzen von der Realität hilft, stereotype oder überzeichnete Rezeptionsmuster zu vermeiden. So ist es sinnvoll, im Unterricht der Frage der Schulrealität im damaligen und insbesondere heutigen Frankreich durch Vorwissen der Schüler und mit Zusatzmaterialen nachzugehen, z. B. durch eine Fotocollage des letzten Schüleraustausches oder Befragung von Mitschülern, die am Austausch teilgenommen haben, Sachtextinformationen, Internetrecherche auf französischen Schulhomepages etc. (vgl. *fdt 2.1*). In diesem Zusammenhang bietet es sich an, in Form einer offenen Unterrichtsphase die Lerngruppe selbst Fragen an den Film formulieren zu lassen, die im Unterricht besprochen werden können.

Schule im Film – Film in der Schule

Im Film erscheinen, abgesehen von Marie-Edwige, wie im Originaltext keine weiteren weiblichen Hauptfiguren im Alter von Nicolas, alles konzentriert sich um die Clique der Jungen. Dennoch muss dies nicht dazu führen, dass der Film für Schülerinnen weniger interessant ist. Die Hauptfiguren verkörpern sowohl im Text als auch im Film ohnehin Schülertypen, die sich häufig unabhängig vom Geschlecht bis zu einem gewissen Grad auf die Schulrealität übertragen lassen.

Nicolas zeigt sich selbst als durchschnittlicher Schüler, der besonders gerne zur Schule geht, um seine Freunde zu treffen. Aus seiner Perspektive nimmt der Zuschauer auch seine Klassenkameraden wahr: *Alceste*, ein übergewichtiger Junge, der pausenlos etwas zu Essen in der Hand hat, ist sein bester Freund. *Clotaire* verkörpert den lernschwächsten Schüler, der stets Mühe hat, dem Unterrichtsgeschehen zu folgen. Ein Kämpfer und Haudegen ist *Eudes*, während *Rufus* mit seiner Trillerpfeife seinem Vater, der Polizist ist, nacheifert. *Marie-Edwige* genießt als einzige weibliche Hauptfigur aus dem Freundeskreis einen Sonderstatus. Nicolas mag sie sehr und kann sich vorstellen, sie später zu heiraten. *Geoffroy* ist Sohn reicher Eltern und bekommt alles, was er will. Von der Jungengruppe weniger beliebt ist *Agnan*, der sich als Streber und Denunziant in der Schule erweist.

Ein weiterer Grund für ein geschlechterunabhängiges Interesse ist die starke Verortung des Geschehens in den Kontext der Schule und des Schulalltags. Die inner- und außerschulischen Prozesse und Situationen sind den Schülerinnen und Schülern der Sek I bestens vertraut und wecken daher ihre besondere Aufmerksamkeit. Die persönliche Gesamtbeurteilung des Films liegt gleichzeitig beim individuellen Geschmack der Lernenden, was zu einem regen sprachlichen Austausch über Gefallen und Nichtgefallen, Vorlieben und Abneigungen zu einzelnen Szenen oder der filmischen Umsetzung insgesamt genutzt werden kann.

Konzepte für den Unterricht

Im Hinblick auf den Einsatz des Films im Französischunterricht bietet es sich an, zuvor Episoden des Originaltextes mit der Lerngruppe zu lesen. Dieses hat den Vorteil, dass eigene, unterschiedliche Vorstellungen und Erwartungshaltungen von den Lernenden benannt und im Anschluss mit dem Film verglichen werden können. Konkrete Anregungen für den Unterricht werden im Folgenden beschrieben.

Interkulturelles Lernen durch Schulvergleich

Die Anfangsszene des Films findet am Haupthandlungsort statt: in der Schule. Bereits vor dem Zeigen dieser Szene können Hypothesen zur räumlichen

Klar und markant voneinander abgegrenzte Filmfiguren

Gegebenheit gebildet und unterschiedliche Vorstellungen im Unterricht diskutiert werden. Beim Abspielen der ersten Momentaufnahmen werden den Lernenden unmittelbar auch Unterschiede zur eigenen Schule und Schulzeit (z. B. Gebäude, Kleidungsstil von früher und heute, Schuluniformen, Atmosphäre) bewusst, die sie benennen können.

Das Aufzeigen von Gemeinsamkeiten und Unterschieden sollte im Hinblick auf interkulturelles Lernen gleichzeitig mit einer kritischen Reflexion der eigenen Wahrnehmung einhergehen. Zur Differenzierung von Fiktion und Realität bietet es sich an, nach den ersten gesammelten Eindrücken, in Form von Gruppenarbeit mit einer Internetrecherche Sachinformationen zur Schule in Frankreich bzw. dem französischen Schulsystem zusammenzutragen und diese ggf. mit eigenen, vorhandenen Materialien, z. B. vom letzten Schüleraustausch, zu ergänzen (vgl. *fdt 2.1*). Dabei stellt die Gruppenarbeit die erste Phase eines Gruppenpuzzles dar, welches das kooperative Lernen fördert und für einen hohen Sprechumsatz in der anschließenden Präsentationsphase zur Vorstellung der Ergebnisse sorgt.

Kennenlernen der Hauptfiguren

In der kurzen Anfangssequenz werden alle Hauptfiguren vorgestellt. Zunächst liegt der Fokus auf Nicolas selbst, der sich selbst und daraufhin die anderen Personen dem Zuschauer vorstellt. Aus seiner subjektiven Perspektive erfährt der Zuschauer zudem erste interessante Details zu den einzelnen Figuren, z. B. ihre Vorlieben, Hobbys und die Relation untereinander. Die Zuordnung der Filmdarsteller zu den Zeichnungen von Sempé stellt eine erste Brücke zwischen der literarischen Vorlage und dem Film dar (vgl. *fdt 2.2a*). Nach mehrmaligem Abspielen der ersten Filmsequenz lassen sich zudem bereits Personenbeschreibungen anfertigen, beispielsweise in Form eines Steckbriefes (vgl. *fdt 2.2b*), die in Folge der weiteren Betrachtung ergänzt werden können. Sowohl Einzel-, Partner- als auch Gruppenarbeit stellen dabei geeignete Sozialformen dar. Die Ergebniskontrolle kann über das Präsentieren z. B. in arbeitsgleichen Gruppen oder im Plenum erfolgen. Ohne die Bekanntgabe des Namens der Filmfigur, kann diese auch auf Basis der beschriebenen Merkmale von den anderen Schülerinnen und Schülern erraten werden. Nicht beschriebene Figuren können im Plenum anschließend gemeinsam thematisiert werden. Eine Vervollständigung der Personenbeschreibungen ist auch auf Basis von Vorkenntnissen durch die Textvorlage möglich.

À la recherche d'un métier

Die Rahmenhandlung des Films wird zu Beginn an der Eingangsaufgabe deutlich gemacht, die die Klassenlehrerin an die Tafel schreibt: *Racontez ce que vous ferez plus tard*. Diese Aufgabe kann als Impuls auf die eigene Lerngruppe übertragen werden, da das Thema „Berufswünsche" Schülerinnen und Schülern vertraut und ein entsprechender Wortschatz rund um das Thema „Berufe" im Anfangsunterricht von Relevanz ist.

Zunächst sollen die Lerner die französischen Bezeichnungen verschiedener Berufe erschließen bzw. wiederholen (vgl. *fdt 2.3a*). Die im Film von der Lehrerin formulierte Aufgabe erweist sich gleichzeitig als geschickt gestaltete Einführung bzw. Vorstellung der Hauptfiguren. Nicolas stellt mit seiner Erzählstimme aus dem Off seine Klassenkameraden vor und erläutert, was sie später werden wollen. Anhand der Zuordnungsaufgabe (Aufgabe 2) kann das Hörsehverstehen überprüft

Lösung *fdt 2.2a*:
A Rufus, B Papa, C Eudes,
D Le Bouillon, E Nicolas,
F La maîtresse, G Alceste,
H Geoffery, I Maman.

werden. Die in Aufgabe 3 thematisierte persönliche Auseinandersetzung mit der Fragestellung nach dem Traum- oder Wunschberuf stärkt kontrastierend die Reflexion der eigenen Denkweise (vgl. **fdt 2.3b**). Das Verfahren des Präsentierens von drei Berufen, von denen einer partout nicht dem eigenen Interesse entspricht und von den anderen Schülerinnen und Schülern erraten werden muss, soll durch den Spielcharakter motivierend wirken und im Rahmen eines gegenseitigen besseren Kennenlernens die Sozialkompetenz fördern.

Schreibkompetenz stärken

In zwei voneinander unabhängigen Situationen im Film wird dargestellt, dass das Schreiben von Briefen (selbst für Muttersprachler!) scheinbar gar nicht so leicht ist.

Zum einen ist da die Frage nach der geeigneten Wortwahl, die es Nicolas' Vater so schwer macht, einen Dankesbrief an seinen Arbeitgeber seinem Sohn zu diktieren. M. Moucheboume hatte diesem zuvor einen Kreisel geschenkt. Zum anderen versucht Clotaire seiner Lehrerin mit einer selbst geschriebenen Entschuldigung glaubhaft zu machen, sein Vater würde wegen der fehlenden Hausaufgaben von Clotaire um Entschuldigen bitten. Aufgrund zahlreicher, insbesondere sprachlicher Fehler wird die Lehrerin allerdings sofort misstrauisch. In Form von produktionsorientierten Aufgaben wird die kommunikative Kompetenz des Schreibens mit dem Schwerpunkt des Briefeschreibens trainiert (vgl. **fdt 2.4a** und **fdt 2.4b**). Als Scaffolding dient dabei ein funktionaler Wortschatz, an dem sich die Schülerinnen und Schüler orientieren können.

Bonusmaterial und Internetangebote

Mit Hilfe der zusätzlichen Materialien, die auf der DVD enthalten sind, können Spielfilm und Thema vertieft werden. Das ausführliche „Making of", das einen interessanten Blick hinter die Kulissen des Films gewährt, vermittelt eindrucksvoll den Umfang von Vorbereitungen und Proben zur Produktion des Films. Auch beim „Casting" können die Lernenden den Darstellern bei ihrer Arbeit zusehen. Amüsante und durchaus pikante Details werden während des Films beim Aktivieren der zusätzlichen Tonspur mit den Audiokommentaren der Kinderdarsteller preisgegeben. Ein Interview mit Erwachsenen, die vor oder hinter der Kamera am Film beteiligt waren, über die eigenen Streiche in ihrer Kindheit kann als Gesprächsanlass im Unterricht aufgegriffen und vertieft werden.

Im Internet finden sich sowohl zum Originalfilm als auch zur deutschen Fassung zahlreiche Material- und Interaktionsangebote, die ebenfalls für den eigenen Unterricht genutzt werden können.

Überblick ab 3. Lernjahr
Informationen zum Film
Genre: Komödie
Regisseur: Laurent Tirard
Drehbuch: Alain Chabat
Produktion: Sylvestre Guarino, Christine de Jekel, Oliver Delbosc, Marc Missonnier
Hauptdarsteller: Maxime Godart, Kad Merad, Valérie Lemercier, Sandrine Kiberlain
Kinostart: 2009

Das Drehbuch basiert auf den gleichnamigen Kinderbüchern von René Goscinny und Jean-Jacques Sempé.

Synopse des Films
Der kleine Nick erlebt eine unbeschwerte Schulzeit und genießt das Zusammensein mit seinen Klassenkameraden, mit denen er auch nach Schulschluss viel unternimmt und diverse Streiche plant. Die Idylle wird plötzlich gestört, als er aufgrund seiner kindlichen Naivität glaubt, einen kleinen Bruder zu bekommen und, in Analogie an das Märchen vom kleinen Däumling, davon ausgeht, in Folge dessen von seinen Eltern im Wald ausgesetzt zu werden, da diese dann keine Zeit mehr für ihn haben werden. Gemeinsam mit seinen Freunden will Nick etwas unternehmen, um das Problem zu lösen.

Thema / Themen
Kindheit, Erwachsenwerden, Schule, Familie, Freundschaft, Träume
Allgemeine Kompetenzen
Interkulturelle Kompetenz, insbesondere Stärkung der Persönlichkeitskompetenz (*savoir être* im GeR)

Sprachliche Kompetenzen
Rezeptive Kompetenzen des Hör- und des Hörsehverstehens
Produktive Kompetenzen in Verbindung mit Übungen und Lernaufgaben zum Sprechen und Schreiben
fdt 2.1 Schule im Film – Fiktion oder Realität? / Interkulturelles Lernen
fdt 2.2a / 2.2b Hauptdarsteller zuordnen, Personen beschreiben
fdt 2.3a / 2.3b Wortfeld „Berufe" / Berufswünsche der Figuren und eigener Traum
fdt 2.4a / 2.4b Schreibkompetenz fördern: Briefe verfassen

Bibliografie
- Goscinny & Sempé (2009): *Histoires inédites du Petit Nicolas*. Paris: IMAV éditions.
- Wilts, Johannes (2008): C'est du cinéma ! *Der Fremdsprachliche Unterricht Französisch*, Heft 91 „Le cinéma". 2 – 9.

Webliographie
- Deutsche Film- und Medienbewertung (FBW), (n. D.): [Internet] Der kleine Nick. http://www.fbw-filmbewertung.com/film/der_kleine_nick
- http://www.petitnicolas.com/ (Offizielle Homepage mit weiterführenden Informationen und didaktisierten Materialien für Lehrer und Schüler)
- http://www.derkleinenick.centralfilm.de (Unterrichtsmaterialien zur Verfügung gestellt von der offiziellen deutschen Homepage)

Filmografie
- Tirard, Laurent (Regisseur). (2009). Le Petit Nicolas [Film]. France: Fidélité Films IMAV.

L'école de Nicolas – réalité ou fiction ?

1. À deux

a) *Regardez la scène introductrice sans son.*

b) *Le film se déroule dans les années 1950. Certainement, vous pouvez constater des différences entre l'école de Nicolas et votre école. Faites la liste des points communs et des différences.*

Des points communs	Des différences

c) *Quel type d'école est-ce que vous préférez ? Dites pourquoi.*

2. En groupe (Gruppenpuzzle)

a) *Après avoir vu l'école de Nicolas, recherchez sur Internet des informations pour savoir comment fonctionne l'école d'aujourd'hui en France, par exemple :*
http://www.fplusd.org/schule-und-studium/das-franzoesische-schulsystem/das-franzoesische-schulsystem/?PH PSESSID=rtkd3m3rph61qr
Vous pouvez également chercher des informations et des photos du dernier échange franco-allemand de votre école.

b) *Quelles sont les différences entre l'école de Nicolas et l'école d'aujourd'hui en France ?*

c) *Composez une affiche avec vos résultats.*

d) *Présentez vos résultats.*

3. Pour aller plus loin

Faites une interview avec vos parents / grands-parents sur leur temps à l'école. Est-ce qu'ils ont fait des bêtises ? Lesquelles ?

© Ernst Klett Sprachen GmbH, Stuttgart 2013 |www.klett-sprachen.de | Alle Rechte vorbehalten.
Kopieren für den eigenen Unterrichtsgebrauch gestattet.
ISBN 978-3-12-920303-3

Les stars du film

1. Qui est qui ?

Est-ce que tu reconnais les stars du film dans les dessins de Sempé ? Écris le nom du personnage sous le dessin correspondant.

Nicolas Rufus Geoffery Alceste
Eudes

La maîtresse   Le Bouillon

Maman

Papa

A _____

B _____

C _____

D _____

E _____

F _____

G _____

H _____

I _____

2. Mon personnage préféré

a) *Choisis ton personnage préféré.*
b) *Regarde la première scène encore une fois et prend des notes sur cette personne.*
c) *Remplis les informations dans le C.V. ci-dessous.*
d) *Dessine le personnage pour la photo.*

Nom : _____

Âge : _____

Couleur des cheveux et des yeux :

_____

_____

Signes particuliers : _____

_____

_____

Il / Elle aime : _____

_____

_____

Il / Elle n'aime pas : _____

_____

_____

Ce qu'il veut faire plus tard : _____

_____

_____

_____

_____

À la recherche d'un métier

1. Avant le visionnage de la scène

a) *Dans la première scène, le professeur écrit au tableau : « Racontez ce que vous ferez plus tard. » Reformulez la demande avec vos propres mots.*

b) *Est-ce que vous connaissez les métiers ? Trouvez les noms des métiers indiqués. Si vous ne savez pas le nom, travaillez avec un dictionnaire.*

_____ _____ _____

_____ _____ _____

_____ _____

2. Pendant le visionnage de la scène

Qui veut faire quoi plus tard ? Regardez la scène introductrice deux fois et dites ce que les camarades de Nicolas veulent faire plus tard en reliant les deux colonnes.

Alceste ○　　　　　　　　○ Lui, il veut travailler chez son père.

Geoffroy ○　　　　　　　　○ Il ne dit pas ce qu'il veut faire aux autres.

Clotaire ○　　　　　　　　○ Lui, il rêve du métier de son père : être policier.

Eudes ○　　　　　　　　○ Il veut être ministre.

Rufus ○　　　　　　　　○ Lui, il veut être champion cycliste.

Agnan ○　　　　　　　　○ Il croit qu'être bandit est un métier. C'est ça ce qu'il veut devenir.

3. Après le visionnage de la scène

a) *Et toi, qu'est-ce que tu aimerais faire plus tard ? Réfléchis et notes deux métiers qui t'intéressent et un métier que tu n'aimes pas. Si tu ne connais pas le nom en français, demande à tes camarades ou consulte un dictionnaire. Après, présente les trois métiers devant la classe. Les autres doivent deviner quel est le métier que tu n'aimes pas.*

b) *Pourquoi Nicolas ne sait pas ce qu'il veut faire plus tard ? Réponds par écrit.*

_____

_____

_____

4. Après avoir vu le film jusqu'à la fin

À la fin du film, Nicolas sait ce qu'il veut. Imagine que tu es Nicolas et écris sa rédaction (Aufsatz).

_____

_____

_____

_____

_____

_____

_____

© Ernst Klett Sprachen GmbH, Stuttgart 2013 |www.klett-sprachen.de | Alle Rechte vorbehalten.
Kopieren für den eigenen Unterrichtsgebrauch gestattet.
ISBN 978-3-12-920303-3

Des mots de remerciement et d'excuse

1. Qu'est-ce qu'on peut écrire ?

*Nicolas a reçu un cadeau de M. Moucheboume, le patron de son
père. Maintenant, il doit écrire une lettre pour lui dire merci. Écris la
lettre de Nicolas dans ton cahier. Comme la lettre est adressée à M.
Moucheboume, il faut utiliser un style poli.
Le vocabulaire pour rédiger une lettre peut t'aider.*

Vocabulaire pour rédiger une lettre

La formule d'appel
Monsieur / Madame
Monsieur Moucheboume
Madame, Monsieur
Mesdames et Messieurs
Monsieur le Directeur
(Mon) cher Monsieur… / (Ma) chère Madame…

Die Anrede
Sehr geehrter Herr / Sehr geehrte Frau
Sehr geehrter Herr Moucheboume
Sehr geehrte Damen und Herren

Sehr geehrter Herr Direktor
(Mein) Lieber Herr… / (Meine) Liebe Frau…

Pour commencer la lettre
Je me permets de vous écrire pour…
J'aimerais…
Je souhaiterais…
Suite à… / En référence à…
Je vous écris de la part de…

Zu Beginn des Briefes
Ich erlaube mir Ihnen zu schreiben, um…
Ich möchte…
Ich würde gerne…
Bezug nehmend auf…
Ich schreibe Ihnen im Namen von…

Pour continuer et structurer la lettre
Tout d'abord / d'abord / en premier lieu
Ensuite / puis
En outre / En plus / Également
Par conséquent / donc
Enfin / pour terminer / pour conclure

Zur Fortführung und Strukturierung
Zuallererst / zunächst / als Erstes
Anschließend / dann, danach
Außerdem / dazu / ebenfalls
Infolgedessen / also
Schließlich / um abzuschließen

La formule de clôture
Respectueusement
Avec mes salutations respectueuses /
Veuillez agréer mes salutations distinguées
Cordialement
Meilleures salutations

Schlussformulierung
Höflichst / Hochachtungsvoll
Mit freundlichen Grüßen

Herzlichst
Herzliche Grüße

© Ernst Klett Sprachen GmbH, Stuttgart 2013 | www.klett-sprachen.de | Alle Rechte vorbehalten.
Kopieren für den eigenen Unterrichtsgebrauch gestattet.
ISBN 978-3-12-920303-3

2. La lettre de Nicolas

À deux.
Regardez la lettre que Nicolas a écrite. Discutez : est-ce que le père de Nicolas va être content du résultat ? Puis, racontez aux autres ce que vous pensez.

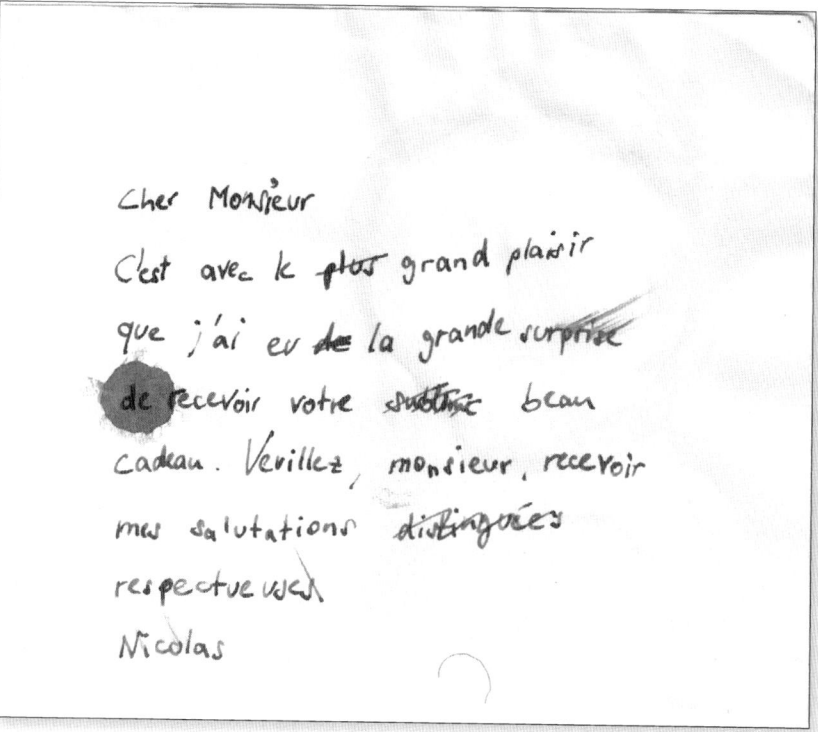

Cher Monsieur

C'est avec le plus grand plaisir que j'ai eu de la grande surprise de recevoir votre ~~surprise~~ beau cadeau. Verillez, monsieur, recevoir mes salutations distinguées respectueusex

Nicolas

3. Le mot d'excuse de Clotaire

Le dessin suivant est tiré d'une scène dans laquelle Clotaire donne un mot d'excuse à son professeur. Malheureusement, dans la lettre il y a beaucoup de fautes ; ainsi la maîtresse pense que la lettre n'est pas du père de Clotaire. Aide Clotaire et corrige les fautes dans sa lettre.

```
Madame

Excusé notre fisse Clotaire

qui na pa fé son devoir

Papa
```

_____

_____

_____

_____

_____

_____

© Ernst Klett Sprachen GmbH, Stuttgart 2013 |www.klett-sprachen.de | Alle Rechte vorbehalten.
Kopieren für den eigenen Unterrichtsgebrauch gestattet.
ISBN 978-3-12-920303-3

Schule im Film –
Entre les murs und *Le péril jeune*

Lukas Gehlen

Ein aktuelles Genre

In jüngerer Zeit lässt sich ein verstärktes Interesse des französischen Gegenwartsfilms an schulischen Fragestellungen beobachten. Filme wie *Le péril jeune* (Cédric Klapisch, 1994), *Être et Avoir* (Nicolas Philibert, 2002), *L'Esquive* (Abdellatif Kechiche, 2003), *Les Choristes* (Christophe Barratier, 2004) und *Entre les murs* (2007) wagen sich auf ganz unterschiedliche Weise an ein emotional besetztes und nicht selten ideologisch debattiertes Thema. Sie treffen damit ganz offensichtlich den Nerv der Zeit und der Zuschauer.

L'Esquive*: César du meilleur film 2005;*
Entre les murs*: Palme d'Or, Festival de Cannes 2008*

Was die Schule als Sujet für den Film so attraktiv macht, ist auch die Tatsache, dass sie (heute mehr denn je) als Brennpunkt unterschiedlichster sozialer Tendenzen und Gegensätze wahrgenommen wird. Sehr oft erzählen diese Filme auch von der Gesellschaft, in der sie entstanden sind. Schon allein deshalb bietet sich ihr Einsatz im Fremdsprachenunterricht an. Neben ihrem hohen gesellschaftlichen und interkulturellen Aussagewert bergen Filme zum Thema Schule ein Motivationspotential, das im Unterricht nutzbar gemacht werden sollte. Wenn Filme wie *Entre les murs* ein internationales Millionenpublikum in die Kinos locken, stehen die Chancen nicht schlecht, dass ihnen auch deutsche Schülerinnen und Schüler mit Interesse begegnen. Darüber hinaus führen sie dem Zuschauer authentische Kommunikationssituationen vor Augen, die gerade im Austausch mit Gleichaltrigen von hoher sprachlicher Relevanz sind.

Thema Schule als Filmsujet

Im Folgenden wird zunächst kurz auf das spezifische didaktische Potential dieser Filme eingegangen, anschließend soll am Beispiel zweier inhaltlich und ästhetisch sehr unterschiedlicher Filme – *Le péril jeune* und *Entre les murs* – praxisnah aufgezeigt werden, wie Spielfilme zum Thema Schule gewinnbringend im Unterricht eingesetzt werden können.

Emotionales Potential: Empathie und Persönlichkeitsentwicklung

Filme zum Thema Schule entwerfen fast immer Generationenporträts. Nicht selten regen sie zu einer aktiven Auseinandersetzung mit der eigenen Biographie an. Eben weil sie bei vielen Zuschauern Erinnerungen an die eigene Schulzeit wachrufen und Aussagen über kollektive Lebensentwürfe treffen, berühren sie die Zuschauer emotional. Dies gilt aber nicht nur für ein erwachsenes Publikum, das auf die eigene Schulzeit häufig mit einer Mischung aus Nachsicht und Nostalgie zurückblickt. Auch Schülerinnen und Schüler lassen sich zweifellos stärker von Filmen begeistern, die ihre eigene Lebenswelt thematisieren. Zur Motivation kann auch die Machart dieser Filme beitragen: Zumeist richten sich Filme über die Schule ausdrücklich an eine jugendliche Zielgruppe, die es mit ansprechenden narrativen Verfahren zu fesseln und zu überzeugen gilt. Zudem bieten Spielfilme vielfach Anlass zu einer empathischen Einfühlung in die dargestellten Charaktere und zur gefühlsmäßigen Auseinandersetzung mit dem Handlungsgeschehen.

Jugendliche als Zielgruppe

Insbesondere dann, wenn die Charaktere aufgrund der Konflikte, die sie durchleben, dem Zuschauer Raum zur Identifikation und / oder zu einer bewussten Distanzierung bieten. Auch hier lassen sich Filme zum Thema Schule besonders gut „zielgruppenorientiert" einsetzen. Als Zuschauer erleben Schülerinnen und Schüler Protagonisten der eigenen Altersgruppe, die – so groß die kulturellen und sozialen Unterschiede zum persönlichen Umfeld auch sein mögen – mit den gängigen Problemen des Erwachsenwerdens konfrontiert sind (Identitätsfindung, Zukunftsängste, Ablösung vom Elternhaus, Auseinandersetzungen mit Lehrern und Mitschülern etc.). Unter diesen Voraussetzungen können die hier vorgestellten Filme die Schülerinnen und Schüler dazu ermuntern, eigene Wertvorstellungen und Lebensentwürfe neu zu durchdenken und alternative Handlungsweisen imaginär zu erproben (vgl. Wilts 2008:4).

Interkulturelles Potential: Fremdwahrnehmung

Die Auseinandersetzung mit dem Eigenen im Fremden leistet einen wertvollen Beitrag zum interkulturellen Dialog, der als wesentliches Anliegen des Fremdsprachenunterrichts definiert ist. Filme transportieren, trotz aller Ästhetisierungen, immer auch Vorstellungen von den Werten, Normen und Wünschen der Zielkultur. In diesem Zusammenhang kann die aktive Rezeption von Spielfilmen also auch dazu beitragen, anders sehen zu lernen und eine kritische Auseinandersetzung mit dem scheinbar Vertrauten in Gang zu setzen. Die Erarbeitung von *Entre les murs* und *Le péril jeune* ermöglicht einen komparatistischen Blick auf das Schulleben der Zielkultur (Schulsystem Frankreich / Deutschland, Unterrichtsformen in beiden Ländern, Schule und Gesellschaft, Stellenwert der Schule etc.). Die Schülerinnen und Schüler lernen somit nicht nur Formen des Schulalltags im Nachbarland kennen, sondern sind auch angehalten, die eigene Lernsituation zu reflektieren.

Schulleben in Frankreich

Kommunikatives Potential: Schulung des Hörsehverstehens

Umgangs- und Jugendsprache

Begegnungen mit der Zielkultur stellen den Lernenden gleichermaßen vor interkulturelle wie vor kommunikative Herausforderungen (vgl. Nieweler 2003:8). Die Erarbeitung von Spielfilmen im Französischunterricht kann einem Sprach- und Kulturschock im Ausland insofern abmildernd entgegenwirken, als dass in ihnen authentische Situationen und authentisches „Sprachmaterial" präsentiert werden, das die Lernenden auf reale Begegnungssituationen vorbereitet. Gerade umgangs- und jugendsprachliche Wendungen, die im textbasierten Französischunterricht oft zu kurz kommen, lassen sich mit Spielfilmen hervorragend erarbeiten. Wie kognitive Untersuchungen aufzeigen, bewirkt die Gleichzeitigkeit von Bild und Ton einen Verstehensausgleich und trägt zu einer erhöhten Memorierbarkeit des Gesehenen / des Gehörten bei. Im Sinne eines schüler- und handlungsorientierten Unterrichts sollte die Eindrucksvielfalt des Spielfilmes also immer als Auslöser für eigene (mündliche und schriftliche) sprachliche Aktivitäten genutzt werden.

Auswahlkriterien

Die beiden Filme, die im Folgenden vorgestellt werden, wurden nach dem Kriterium ihrer inhaltlichen, ästhetischen und sprachlichen Relevanz (vgl. Lange / Di Luca 2009: 4) ausgewählt. Sie ermöglichen eine exemplarische und kontrastreiche Auseinandersetzung mit dem Thema Schule, indem sie eine Vielzahl von

Vergleichsmöglichkeiten zur Erfahrungswelt der Schüler eröffnen und einen Einblick in sehr unterschiedliche Facetten des französischen Schulalltags erlauben.

So präsentieren sie mit dem *Collège* (*Entre les murs*) und dem *Lycée* (*Le péril jeune*) die beiden grundlegenden Schultypen des Nachbarlandes. Darüber hinaus beleuchten sie Schule in sehr unterschiedlichen sozialen Kontexten: *Entre les murs* beschreibt den Alltag an einem *Collège* der so genannten *ZEP* (*zone d'éducation prioritaire*), während *Le péril jeune* am Pariser *Lycée Montesquieu* spielt, einem traditionsbewussten Gymnasium, das in einem eher bürgerlichen Milieu angesiedelt ist. Historische Gegensätze zwischen Gegenwart (*Entre les murs*) und Vergangenheit (*Le péril jeune*) verweisen auf geschichtlich begründete Entwicklungen in der Wahrnehmung von Schule durch die französische Öffentlichkeit. So thematisiert beispielsweise *Le péril jeune* auf höchst unterhaltsame Weise die Auswirkungen der Studentenbewegung von 1968 auf das französische Bildungssystem sowie das Entstehen einer jugendlichen Subkultur in den 1970er Jahren. *Entre les murs* greift (zumindest indirekt) Fragestellungen der aktuellen Integrationsdebatte auf.

Schulformen: Collège und lycée

Für die Auswahl dieser Filme sprechen darüber hinaus auch genuin kinematographische Gründe. Beide Filme lassen sich unterschiedlichen Genres zuordnen: Komödie (*Le péril jeune*) und Drama (*Entre les murs*). Sie tragen deutlich die Handschrift ihres jeweiligen Regisseurs. Diese manifestiert sich in der Auswahl unterschiedlicher ästhetischer und narrativer Verfahren, die im Unterricht zu einer vergleichenden Analyse der jeweiligen filmsprachlichen Mittel einlädt. Cédric Klapisch (*Le péril jeune*) verwendet in seinem Film eine traditionelle novellistische Erzähltechnik, indem er in einer Rahmenhandlung die Protagonisten Rückschau halten lässt und damit biographische Entwicklungen, die jeweils ihren Ursprung in der Schulzeit genommen haben, aufzeigt. Laurent Cantet gelingt in *Entre les murs* das Kunststück, erzählerische Verfahren des Dokumentarfilms mit einer literarischen Vorlage (dem gleichnamigen Bestseller von François Bégaudeau) zu vereinen. Die Tatsache, dass der Autor in diesem Fall die Hauptfigur seines eigenen Buches verkörpert, dass die jugendlichen Protagonisten gleichzeitig sich selbst und die Charaktere der Romanvorlage spielen, kann im Unterricht für eine Kontrastierung von filmischen und literarischen Erzählmitten genutzt werden.

Vergleich filmsprachlicher Mittel

Die Filme bieten zudem die Möglichkeit, sich im Unterricht mit aktuellen Tendenzen der französischen Gegenwartssprache auseinanderzusetzen. So lassen sich anhand von *Le péril jeune* und *Entre les murs* Merkmale und Sprachgebrauch des *code parlé* und des *français relâché* (vgl. Meißner 2001: 361) anschaulich und schülerorientiert erarbeiten.

Entre les murs

Überblick ab dem 5. Lehrjahr
Informationen zum Film
Genre: Drama
Regisseur: Laurent Cantet
Drehbuch: Laurent Cantet, François Bégaudeau, Robin Campillo
Hauptdarsteller: François Bégaudeau, Franck Keïta, Esmeralda Ouertani, Rachel Régulier
Kinostart : 24. September 2008
Auszeichnungen: Palme d'Or Cannes 2008. Nominierung in der Kategorie „Bester fremdsprachiger Film" bei der Oscarverleihung 2009

Inhalt: Schon der Titel des Films *Entre les murs* wirft Fragen auf: Wird hier die Schule als Refugium oder etwa als Gefängnis gezeigt? Für beide Hypothesen ließen sich in Laurents Cantets Film ausreichend Belege finden.
Im Zentrum der kammerspielartigen Handlung steht der Französischunterricht einer *Quatrième* an einem *intra muros* (also innerhalb der alten Stadtmauern) gelegenen *Collège* des 20. Pariser Arrondissements. Die meisten Schüler sind Migrantenkinder, darunter das Kind einer Analphabetin und der Hochbegabte, der noch kaum Französisch spricht. Der Film basiert auf dem autobiographisch gefärbten Roman von François Bégaudeau, der selbst die Hauptrolle des Films, den Lehrer Marin, spielt.
So vieldeutig der Filmtitel, so schwierig fällt auch die Bewertung der Hauptfigur aus. Marin setzt in seinem Unterricht alles daran, die Dialogfähigkeit seiner Schüler zu verbessern. Integration ist für ihn in erster Linie ein sprachliches Problem. Und dennoch stellt sich am Ende die Frage, wie ernst es ihm darum bestellt ist, wenn er ausgerechnet demjenigen seiner Schüler, der am sprachlosesten ist und die Schule am nötigsten hätte, einen Verweis erteilt und seine Abschiebung in Kauf nimmt.

Übersicht über den Verlauf der Sequenz, Niveau: B2 – C1

Thema	Aktivitäten	Lernziele	Material
La quatrième de Monsieur Marin	Hypothesenbildung Kreativaufgabe inhaltliche Vorentlastung	Stärkung der mdl. Kommunikation Simulation einer Kennenlern-Situation sich vorstellen	*fdt 3.1*
Observer un personnage	Verhalten und Entwicklung einer Figur beschreiben Personenbeschreibung Charakterisierung	sich mündlich über einen fiktiven Charakter austauschen Textsortentraining: Charakterisierung	*fdt 3.2*
Les autoportraits	Wortfindung zur Vorentlastung geschlossene Hörseh-Aufgabe Zuordnungsaufgabe ein eigenes *autoportrait* entwickeln und präsentieren	lexikalische Kompetenz: Jugendsprache Textsortentraining: Selbstporträt	*fdt 3.3*
L'exclusion de Souleymane	Analyse eines Romanauszuges Vergleich Text – Film Perspektivwechsel	Textsortentraining: Analyse eines literarischen Textes intermediale Bezüge untersuchen einen Text produktionsorientiert analysieren	*fdt 3.4*

Le débat autour du film	Analyse eines Interviews das Verhalten einer Figur untersuchen und bewerten	Textsortentraining : Analyse eines Interviews eine (fiktive) Figur bewerten Textsortentraining : Leserbrief	fdt 3.5

Activité avant le visionnage

fdt 3.1a + b : La Quatrième de Monsieur Marin

Ein kommunikativer Einstieg in die besondere Klassensituation des Films kann über ein Rollenspiel erreicht werden, das im Omnium-Kontakt durchgeführt wird. Die Schülerinnen und Schüler entwerfen mit Hilfe des Arbeitsblattes Rollenkarten zu den Protagonisten des Films. Der Omnium-Kontakt ermöglicht die Simulation einer Kennenlernsituation in einer neu zusammengesetzten Klasse, die auch in *Entre les murs* zu Anfang des Films thematisiert wird.

Einstieg

Die *fdt 3.1a + b* sind kostenlos online erhältlich. Einfach auf www.klett-sprachen.de gehen und den Online-Link **q6n2yf** in das Suchfeld eingeben.

Activités pendant le visionnage

fdt 3.2 : Les personnages

Während des gesamten Films machen sich die Schülerinnen und Schüler in Kleingruppen Notizen zu „ihrer" Figur, die anschließend in einer Expertengruppe ausgewertet werden. Die Expertengruppen stellen ihre Figur im Plenum mit Hilfe eines Posters vor, das ggf. im Laufe der Reihe ergänzt werden kann. Auf dem Arbeitsblatt (kopiert auf DIN A3-Format) werden anschließend im Plenum die Informationen zu allen vier Charakteren festgehalten und gesichert.

Die Hauptpersonen des Films

Lösungsvorschläge:

Esmeralda : L'élève qui parle le plus dans la classe. Elle veut devenir policière ou rappeuse. Elle est assez ambitieuse et franche. Elle est déléguée de la classe mais manque de discipline et de sérieux dans le conseil de classe. Elle est outrée quand Marin la traite de « pétasse ». Toutefois, elle surprend le professeur à la fin de l'année lorsqu'elle lui raconte qu'elle est en train de lire « La République » de Platon.

Khoumba : Elle fait souvent preuve d'un comportement insolent. Elle refuse de lire un extrait du journal d'Anne Franck et se dispute ouvertement avec Marin. Elle n'aime pas les cours de Monsieur Marin à qui elle reproche de trop « charrier » et elle l'attaque d'une façon assez agressive dans son autoportrait. Elle est blessée lors de la violente dispute avec Souleymane en classe. Pourtant, c'est elle qui prévient François Marin que Souleymane risque d'être expulsé au Mali s'il est renvoyé du collège.

Souleymane : Un des protagonistes du film. Élève difficile qui fait souvent preuve d'un comportement insolent et qui a besoin d'encouragement. Toutefois, il est très fier quand son autoportrait et les photos de sa mère sont affichés en classe. Réaction très violente quand il apprend ce que Marin a dit sur lui lors du conseil de classe (« il est limité au niveau scolaire »). Il blesse (involontairement) une camarade de classe (Khoumba) et va être renvoyé du collège.

François Marin : Le professeur principal et professeur de français de la classe de 4ème. Il tente d'intéresser les élèves et favorise un rapport assez direct avec eux. Il se sert souvent de l'ironie avec eux, ce que ses élèves n'apprécient pas toujours (« vous charriez trop, monsieur »). Mais son rapport personnel avec ses élèves va se retourner contre lui lorsqu'il traite deux filles de « pétasses » pendant le conseil de classe. Il n'intervient pas contre l'exclusion de Souleymane. On n'apprend rien sur sa vie privée, le film le montre donc uniquement dans son rôle de professeur, « entre les murs » du collège.

fdt 3.3 : Les autoportraits

Als Einstieg in die Arbeit mit dem Film eignen sich insbesondere die *autoportraits*, die Marin seine Schülerinnen und Schüler zu Anfang des Schuljahres schreiben lässt. Das nachgereichte Selbstportrait von Carl (Kap. 9 / DVD, 1'08), der nach einem Schulverweis neu in Monsieur Marins Klasse kommt, kann hier vorweggenommen werden, da es leicht verständlich ist und auf einer sehr basalen *j'aime / je n'aime pas* – Struktur basiert. Allerdings vermittelt auch dieses vermeintlich lustlos heruntergeschriebene Selbstportrait erste wichtige Informationen über die sozialen Hintergründe der Schüler im Film – so etwa, wenn Carl seinen Bruder erwähnt, der im Gefängnis sitzt, oder auf seinen Schulverweis vom Collège Paul Eluard anspielt. Der Erarbeitung (Nr. 1b) sollte eine kurze lexikalische Vorentlastung vorausgehen (Nr. 1a).

Lösungsvorschlag:
L'autoportrait de Carl

j'aime	je n'aime pas
jouer au foot, jouer sur l'ordinateur, jouer avec les jolies filles, aller en vacances aux Antilles, les frites, le zouk et la dancehall, regarder MTV Base, mes parents et mon frère, mes potes, passer des nuits blanches, la série « Tropiques Amers », ma cité, la série « Sécurité Intérieure », manger au restau, me taper des délires, j'aime bien être ici.	*les gens qui pleurent pour rien, la techno et la tecktonik, les frimeurs et les frimeuses, aller voir mon frère en prison, la « Nouvelle Star » et la « Star Academy », les hommes politiques, la guerre en Irak, les gothiques et les skateurs, les profs sévères, les maths, les racistes, Materazzi, le collège Paul Éluard.*

Anschließend sehen sich die Schüler die gesamte Szene an (Kap. 7 / DVD, 0'45) und ordnen die Textauszüge den Figuren des Films zu. Die ersten Eindrücke bezüglich der Charaktereigenschaften können an dieser Stelle im Unterrichtsgespräch diskutiert werden (Nr. 2a) unten). Als Hausaufgabe erstellen die Schüler ein eigenes „Autoporträt", wobei sie aus verschiedenen Präsentationsformen auswählen können (Nr. 2b).

fdt 3.4 : L'exclusion de Souleymane

Diese Szene stellt den dramaturgischen Höhepunkt des Filmes dar. Der Filmausschnitt, der sich eng an die literarische Vorlage hält, kann durch den entsprechenden Auszug aus dem Roman vorentlastet werden. Zunächst sollten die Schülerinnen und Schüler sich deshalb mit der Szene im Buch vertraut machen. Auffällig ist das Bemühen des Erzählers (= Bégaudeau / Marin) um ein Höchstmaß an Objektivität. Der Erzähler kommentiert den Schulverweis von Souleymane mit keinem Wort. Es ist jedoch genau diese Sprachlosigkeit, die das Scheitern des Lehrers in dieser Szene noch einmal sehr anschaulich hervorhebt (vgl. Nr. 1).

Lösungsvorschlag zu Nr. 1:
L'exclusion de Souleymane – le comportement du professeur
Le passage est écrit dans un style très impersonnel, le narrateur (= le prof) n'intervient à aucun moment directement dans la discussion, il ne montre jamais ses sentiments face à l'exclusion définitive de Souleymane, il ne fait aucun commentaire sur la situation. Bien souvent, il dissimule sa propre position derrière une syntaxe impersonnelle et floue (« <u>On</u> est revenu... <u>chacun</u> a dit... <u>nous</u> avons voté... <u>une certaine</u> éthique... <u>une certaine</u> droiture ».). Ce même refus de toute sentimentalité se manifeste aussi dans les

nombreuses descriptions : Le narrateur ne dit presque rien sur les sentiments (y compris les siens) des personnages présents dans le conseil de discipline, mais accorde une importance étonnante à leurs vêtements (« Grande croix en faux or au cou... ». [...] « Lettres rouges de Redskins encerclant la coiffe de plumes d'un Indien au dos de son blouson »). Il les perçoit donc surtout de l'extérieur.

Conclusion : le comportement du professeur montre un manque d'empathie et d'engagement. Il ne fait rien pour « sauver » son élève et ne le soutient pas. Visiblement, il a aussi peur d'être sanctionné pour les paroles qu'il a adressées auparavant aux deux déléguées de classe (« pétasses »). On pourrait presque dire qu'il sacrifie Souleymane pour se débarrasser de cette affaire. La décision de renvoyer Souleymane a déjà été prise bien avant le conseil. Marin ne se soucie pas vraiment du danger qu'encourt Souleymane (= être expulsé au Mali).

In einem zweiten Schritt erarbeiten die Schüler Gemeinsamkeiten und Unterschiede zwischen der Verfilmung und der Buchvorlage. Das Verhältnis von Souleymane und seiner Mutter, die (anders als in der Buchvorlage) am *conseil de discipline* teilnimmt, sollte anschließend im Unterricht diskutiert werden. Der Film arbeitet, indem er dem Zuschauer wesentliche Informationen über den persönlichen Hintergrund des Schülers vorenthält, ganz bewusst mit Leerstellen, die im Unterricht gefüllt werden können und zur Versprachlichung auffordern.

Vergleich Roman – Film

Lösungsvorschlag zu Nr. 2 b):
L'exclusion de Souleymane – comparaison entre le roman et le film

Convergences	Divergences
– Le silence de Marin qui ne dit presque rien. – Le rôle du proviseur. – Le déroulement systématique et froid qui ne prend pas en considération le danger qu'encourt Souleymane s'il est renvoyé. – Le résultat : l'exclusion de Souleymane.	– Le rôle de la mère, les interventions de la mère : elle ne peut pourtant pas se faire entendre. – La discussion entre les représentants des parents et des profs.

In den beiden Kommentaraufgaben nehmen die Schüler Stellung zu Marins Verhalten in der Schulkonferenz (Nr. 3 a) + b). Hierbei ergreifen sie Partei für Souleymane und verfassen einen Brief an den Direktor des *Collège*.

Activité après le visionnage
fdt 3.5 : Le débat autour du film
Trotz (oder gerade wegen) des großen Erfolges sah sich *Entre les murs* schon bald nach dem Kinostart teils heftigen Kritiken ausgesetzt. Im Zentrum der Debatte stand dabei nicht so sehr die ästhetische Qualität des Films, sondern die polarisierende Figur des Klassenlehrers Marin. Als prominenter Kritiker des dargestellten Lehrerbildes meldete sich als Erster der Philosoph Alain Finkielkraut zu Wort, der unter der Überschrift *Palme d'or pour une syntaxe défunte* (*Le Monde* 03/06/2008) vor allem den Sprachgebrauch des Lehrers beanstandete. Noch kritischer zeigte sich Philippe Meirieu, einer der führenden Pädagogen und Didaktiker Frankreichs. Der Auszug aus dem Interview von Meirieu mit der Zeitschrift *Politis* beinhaltet seine wesentlichen Kritikpunkte gegenüber *Entre les murs*. Als Einstieg in die

Kritik an der Figur des Lehrers

Arbeit mit *fdt 3.5* können an der Tafel zunächst Stichworte zur Frage: *Un bon prof, qu'est-ce que c'est ?* gesammelt werden. Im Unterrichtsgespräch diskutieren die Schüler dann darüber, ob Marin ihrem Bild eines guten Lehrers entspricht. In der anschließenden Erarbeitungsphase benennen die Schülers zunächst Meirieus Vorwürfe an Marin (Nr. 2).

Lösungsvorschlag (Tafelbild):
Les reproches de Philippe Meirieu :
- Monsieur Marin ne structure pas assez ses cours ;
- ne prépare pas suffisamment la salle de classe ;
- admet des prises de paroles anarchiques ;
- manque d'organisation et d'autorité ;
- ne se soucie pas assez du contenu de ses cours ;
- fait faire aux élèves des exercices sans valeur pédagogique (p.ex. les autoportraits) ;
- exclut toute une partie de la classe (les timides) ;
- a déclenché lui-même le comportement violent de Souleymane ;
- ne fait rien pour sauver Souleymane.

In Kleingruppen analysieren sie dann ihrerseits Stärken und Schwächen der dargestellten Lehrperson (Nr. 3 a). In einem abschließenden Schreibauftrag (Textsorte: Leserbrief) nehmen sie differenziert (und mit Bezug auf die Ergebnisse von Nr. 3 a) Stellung zu Meirieus Thesen, denen sie zustimmend oder ablehnend gegenüberstehen können (Nr. 3. b).

Le péril jeune

> **Überblick** ab dem 5. Lernjahr
> **Informationen zum Film**
> **Genre**: Tragikomödie
> **Regisseur**: Cédric Klapisch
> **Drehbuch**: Cédric Klapisch, Santiago Amigorena, Alexis Galmot, Daniel Thieux
> **Hauptdarsteller**: Romain Duris, Vincent Elbaz, Hélène de Fougerolles, Elodie Bouchez
> **Kinostart**: 11. Januar 1995
>
> **Inhalt**: Mit *Le péril jeune* gelang Cédric Klapisch Mitte der 1990er Jahre endgültig der Durchbruch als Regisseur. Gleichzeitig machten in diesem Film einige junge Schauspieler auf sich aufmerksam, die gegenwärtig zu den beliebtesten Darstellern des französischen Kinos zählen (u. a. Roman Duris, Elodie Bouchez, Vincent Elbaz, Hélène de Fougerolles). Nicht nur deshalb genießt Klapischs Komödie bis heute Kultstatus. Schon in diesem frühen Film setzt er sich eingehend mit Themen wie Freundschaft und Identitätssuche auseinander, die auch für sein späteres Werk – und insbesondere für seine Erfolge *Chacun cherche son chat* und *L'auberge espagnole* – prägend sind.
> Die Hauptfiguren des Filmes sind fünf Freunde, die im Jahr 1975 kurz vor dem *Bac* an einem Pariser Lycée stehen. Zehn Jahre später treffen sie noch einmal zusammen, nachdem sie offenbar in der Zwischenzeit den Kontakt zueinander verloren hatten. Einer der Freunde (Tomasi) ist unmittelbar zuvor an einer Überdosis Drogen gestorben. Das tragische Ereignis wirft einen Schatten auf die

Erinnerungen an eine Schulzeit, die die Freunde im Rückblick (1985) zunächst als eine Zeit der bedingungslosen Freundschaft und Solidarität wiederaufleben lassen. In der Gegenüberstellung verschiedener Zeitebenen und in der Kontrastierung von Erinnerungen stellt der Film auf eine subtile Weise die Frage nach den fragilen, oft kaum benennbaren Bindungen, die einen Freundeskreis im Innersten zusammenhalten. Auch hier lassen sich übrigens deutliche Parallelen zu Klapisch späterem Spielfilm *L'auberge espagnole* und dessen Fortsetzung *Les poupées russes* erkennen. In ihrer Erinnerungsarbeit wird den Freunden zunehmend bewusst, dass sie sich in all den gemeinsamen Jahren vielleicht gar nicht so gut kannten, wie sie gedacht hatten. Bei aller Situationskomik zeichnet der Film daher auch den Desillusionierungsprozess von fünf letztlich sehr unterschiedlichen Individuen nach, die im Klassenzimmer zu Freunden wurden, deren Freundschaft jedoch den Anforderungen der Zeit letztlich nicht standhielt. Durch die historische Situierung des Geschehens (1975/76) öffnet sich der Film auf eine epochale Lesart, die die Post-Achtundsechziger-Generation in den Blick nimmt. Die Abiturienten im Film sind die „kleinen Geschwister" der 68er, die sich in einer häufig recht sinnentleerten Imitation der Vorgängergeneration ergehen.

Es geht ihnen nicht (mehr) um Inhalte, sondern fast ausschließlich um Inszenierungen; so etwa, wenn mit großem Elan, aber wenig Überzeugungskraft eine *manif' contre le chômage* organisiert wird.

Die Zeitanalyse, die Klapisch in seinem Film vornimmt, wird kunstvoll von einem symbolisch aufgeladenen Einsatz der Filmmusik unterstützt. So stammt das musikalische Leitmotiv des Films von der britischen Rockband *Ten Years After*, die 1969 am legendären Woodstock-Festival teilgenommen hatte. *Ten Years After* verweist nicht nur auf die Rahmenhandlung (1975/1985), sondern symbolisiert auch den zeitlichen und ideologischen Abstand zu den Höhepunkten der Flower-Power-Bewegung. Es ist kein Zufall, dass Tomasi, der tragische Held des Filmes, in einem Wutanfall ausgerechnet eine *Ten Years After*-LP in Stücke schlägt als er realisiert, dass sein Freundeskreis endgültig zu zerbrechen droht.

Übersicht über den Verlauf der Sequenz, Niveau: B2 – C1

Thema	Aktivitäten	Lernziele	Material
L'affiche du film	Bildbeschreibung Hypothesenbildung produktionsorientierter Schreibauftrag	(mündliche) Versprachlichung eines Bildimpulses Vermutungen zum Inhalt ausdrücken	*fdt 3.6*
Les personnages	Verhaltung und Entwicklung einer Figur beschreiben Personenbeschreibung/ Charakterisierung	sich mündlich über einen fiktiven Charakter austauschen Textsortentraining: Charakterisierung	*fdt 3.7*
Être jeune en 1975	ein Rollenspiel durchführen produktionsorientierter Schreibauftrag	eine Kommunikationssituation (Interview) simulieren Inhalte des Films für Kommunikation nutzen Textsortentraining: Reportage; Brief	*fdt 3.8*

Tomasi dérape	inhaltliche Analyse einer Filmszene einen inneren Monolog schreiben ein Rollenspiel durchführen	Motive eines Charakters nachvollziehen, kreativ umsetzen Motive eines Charakters in einem Rollenspiel kommunikativ beschreiben und analysieren	fdt 3.9
Les retrouvailles	ein Rollenspiel vorbereiten und durchführen Perspektivwechsel	Kommunikationstraining den Film imaginär weiterdenken	fdt 3.10

Activité avant le visionnage
fdt 3.6 : L'affiche du film

Analyse des Filmplakats

Eine erste Annäherung an Klapischs Komödie ist über eine detaillierte Beschreibung des Filmposters oder des entsprechenden Screenshots möglich, weil es sowohl recht eindeutige inhaltliche Vorabinformationen liefert als auch Neugierde auf den Film weckt. So können die Schülerinnen und Schüler erste Hypothesen über das Genre (Komödie) bilden (Nr. 1 – 3). Der Kleidungsstil der dargestellten Personen und die Filmmusik (Jimi Hendrix, Janis Joplin, Steppenwolf…) liefern einen deutlichen Hinweis auf die 1970er Jahre. Die Posen der Jugendlichen auf dem Plakat in ihrer Mischung aus Provokation und Lebensfreude laden dazu ein, sich (schriftlich) Gedanken darüber zu machen, welche Ereignisse zu der dargestellten Situation geführt haben (Nr. 4). Der Filmtitel bedarf allerdings einer kurzen Erklärung durch die Lehrperson. *Le péril jeune* greift in ironischer Absicht das ressentimentgeladene Schlagwort einer vermeintlichen *gelben Gefahr* (*le péril jaune*) auf, wonach die westliche Zivilisation durch die zahlenmäßige Überlegenheit der asiatischen Völker bedroht sei. Das Wortspiel (*jaune / jeune*) wendet das Bedrohungsszenario nun auf einen Generationenkonflikt an: In den Augen der Elterngeneration sind es die Jugendlichen, die zahlenmäßig ebenfalls überlegene Generation der Babyboomer, die die bestehende Werteordnung ins Wanken bringt.

Activités pendant le visionnage
fdt 3.7 : Beobachtungsbogen: les personnages

Charakterisierung der Protagonisten

Bei einer Präsentation des Films im Blockverfahren sollten Beobachtungsbögen zu den einzelnen Figuren erstellt werden (DIN A3-Format). Dieses bietet sich an, weil die Personenkonstellation von *Le péril jeune* sehr übersichtlich ist. Jeder Schüler erhält einen Beobachtungsbogen, auf dem er während des Films individuell Notizen zum Charakter, Verhalten und persönlichen Hintergrund zu einer der Figuren festhält. Anschließend treffen alle Schülerinnen und Schüler, die dieselbe Figur beobachtet haben, in einer Expertengruppe zusammen, um ihre Ergebnisse abzugleichen und zu strukturieren. In Gruppenarbeit erstellen sie ein Poster zu ihrer jeweiligen Figur, auf dem sie die wesentlichen Informationen präsentieren, das im Klassenraum einsichtig sein und ergänzt werden sollte.

Lösungsvorschlag:
Tomasi : le rebelle du groupe ; mal perçu par les professeurs et le proviseur ; très attiré par la drogue ; rêve de travailler au cirque ; dégoûté par ses camarades qui révisent pour le bac, il casse tout au foyer et se fait renvoyer. Il vivra avec Sophie et mourra d'une overdose peu de temps avant la naissance de leur bébé. C'est lui qui a

voulu que ses quatre copains soient présents à la maternité le jour de l'accouchement. Contrairement à ses copains, on n'apprend rien sur sa famille.

***Bruno** : l'artiste du groupe ; souvent en conflit avec sa mère et sa petite sœur. Guitariste, il drague Barbara, l'assistante anglaise du lycée, pour apprendre à chanter en anglais et devient son petit copain. Il est jaloux en découvrant qu'elle couche une fois avec Tomasi et souffre de son départ pour la Grande-Bretagne. Engagé comme musicien, il va abandonner les études sans avoir passé le bac.*

***Léon** : l'intellectuel du groupe ; vient d'un milieu très politisé. Son père est syndicaliste, son frère est pion au lycée et mène des campagnes politiques. Bien que petit ami de Marie, il tente sa chance auprès de Christine. Il participe au conseil de classe, tout comme Christine. Mais il n'avoue pas à ses amis qu'il est amoureux d'elle parce qu'il a peur de passer pour ridicule.*

***Alain « Chabert »** : le blagueur du groupe ; passionné de sport ; plein d'humour ; ses copains ont pourtant souvent un peu honte de lui ; a une dispute très violente avec Marie ; attitude machiste, mais en vérité plutôt timide avec les filles.*

***Momo** : le plus timide du groupe; il se dispute souvent avec son père boulanger sourd et muet ; il est plutôt ambitieux : il veut passer le bac pour ne pas devoir travailler dans la boulangerie de son père. Ses parents ne peuvent (littéralement) pas le comprendre. Il tente de se faire inviter chez Christine. Après une mauvaise expérience dans le squat, il ne touche plus aux drogues.*

fdt 3.8 : Être jeune en 1975

Ein Rollenspiel erarbeiten

Das folgende Szenario wird erarbeitet: Ein Team eines deutschen Radiosenders möchte eine Reportage über französische Jugendliche verfassen und stößt dabei (ausgerechnet!) auf die 5 Freunde des *Lycée Montesquieu*. Hierzu werden mehrere Kleingruppen gebildet (Journalisten, Freunde). Zunächst erarbeitet jede Gruppe mögliche Fragen bzw. Antwortstrategien (Nr.1). In einem zweiten Arbeitsschritt interviewt jeweils eine Journalistengruppe eine Freundesgruppe und notiert deren Antworten bzw. speichert diese auf einem Audiomedium (z. B. MP3-Player). Das Interview wird anschließend von den *Journalisten* als Reportage verschriftlicht Die *Jugendlichen* verfassen einen Brief an die nachfolgenden Generationen, denen sie ihre Vision vom Jungsein darlegen (Nr. 2).

fdt 3.9 : Tomasi dérape

Diese Szene stellt den dramaturgischen Höhepunkt des Filmes dar (Kapitel 29 / 30 der DVD, 1'31-1'36). Erstmals zeigt hier die Freundschaft der fünf *Lycéens* Brüche. Aus Frustration darüber, dass seine Freunde lieber für das *Bac* lernen, als mit ihm um die Häuser zu ziehen, zertrümmert Tomasi in einem Wutanfall die Inneneinrichtung des Oberstufenraums. In der sinnlosen Aggression entlädt sich sein Aufbegehren gegen die Ordnung der Erwachsenenwelt, der sich seine Freunde nun offenbar zu fügen scheinen.

Exemplarische Analyse einer Szene

Um die dramatische Spannung der Szene zu erhalten, sollte diese zunächst vollständig gezeigt werden. Vor der inhaltlichen Analyse wird das Hörsehverstehen gesichert. Hierzu bietet sich ein Resümee der Szene an (Aufgabe a), das entweder schriftlich oder mündlich erarbeitet wird. Die Vokabelhinweise im Kasten geben dabei eine Hilfestellung. Vor der Bearbeitung der Analyse-Aufgaben b) – c) sollten an der Tafel Gründe für Tomasis Verhalten gesammelt werden. Diese können zunächst in Partnerarbeit ermittelt und später im Plenum an der Tafel ergänzt werden. Ausgangspunkt hierzu ist Tomasis Anspielung an La Fontaines « *La cigale et la fourmi* » in seiner Replik an den Direktor: « *Je suis comme la cigale. Ça vous gêne que je chante tout l'été. Vous préférez les petites fourmis* ». (1'31). (Antwortmöglichkeiten: *Tomasi est dégoûté par ses amis qui révisent pour le bac ; il réalise qu'une étape de sa vie touche à sa fin ; il a horreur de devoir s'adapter au monde adulte ; il est incapable de prendre la responsabilité pour sa vie.*)

Die abschließende Aufgabe (d) wendet ein produktionsorientiertes Verfahren zur näheren Charakterisierung der Hauptfigur an. Im inneren Monolog setzen sich die Schülerinnen und Schüler mit Tomasis Wutausbruch auseinander, der einerseits als Rebellion gegen das Erwachsenwerden zu verstehen ist, andererseits aber auch seine tiefe Angst vor einem neuen Lebensabschnitt und dem Leistungsdruck der Arbeitswelt verdeutlicht.

In einem abschließenden Rollenspiel *Tomasi chez le psychologue scolaire* können die Ergebnisse der Analyse noch einmal kommunikativ aufgegriffen werden. Dem Spiel sollte eine vorentlastende Arbeitsphase vorausgehen: In Kleingruppen definieren die Schülerinnen und Schüler die Positionen der beiden handelnden Figuren. Anschließend kommt es in Zweiergruppen zum Austausch bzw. zur Konfrontation beider Figuren.

Die Handlung des Films imaginär fortsetzen

Activité après le visionnage
fdt 3.10 : Les retrouvailles

Folgendes Szenario soll erarbeitet werden: Die vier überlebenden Freunde treffen sich viele Jahre nach dem *Bac* in einem Pariser Café, um den Kontakt wiederherzustellen und um alte Zeiten aufleben zu lassen. In einem ersten Erarbeitungsschritt geht es darum, die Biographie der Protagonisten bis in die Gegenwart fortzuspinnen. Hierzu sollten in Gruppen Anhaltspunkte gesammelt werden, die sich teilweise aus dem Film (und insbesondere aus der Rahmenhandlung) ergeben. Die folgenden biographischen Hinweise lassen sich der Rahmenhandlung entnehmen (Kap. 22 der DVD; 00:59:30)

Momo : « *Je voudrais bien voir la tronche qu'on aura dans 10 ans* ».

Bruno : *A quitté le lycée juste avant le bac, devient musicien professionnel et travaille dans une boîte sur la Côte d'Azur.*

Momo : *Travaille dans un bureau, on peut présumer qu'il a fait des études de droit.*

Chabert : *Après avoir raté ses études de médecine, il devient kinésithérapeute, marié à Brigitte.*

Léon : *A fait des études d'architecture.*

Die Zukunfts- bzw. Gegenwartsbiographie der Figuren wird tabellarisch gesichert, sodass die Informationen zur jeweiligen Person im Rollenspiel jederzeit einsichtig und abrufbar sind. Die einzelnen Gruppen stellen nun zunächst den Werdegang ihrer Person vor. Anschließend treffen in neu zusammengesetzten Gruppen die einzelnen Charaktere des Films aufeinander (Gruppenpuzzle). Es handelt sich hierbei um eine sehr komplexe Kommunikationsaufgabe, da die Schülerinnen und Schüler ihre Figur aus dem Blickwinkel zweier Zeitebenen heraus agieren lassen (Zeitebene des Films, Zeitebene der Zukunftsbiographie).

Filmographie

- Cantet, Laurent (2009 [2007]): *Entre les murs*. DVD. France Télévision Distribution.
- Klapisch, Cédric (2003 [1995]) : *Le péril jeune*. DVD. Paramount Home Entertainment.

Bibliographie

- Anhoury, Denise (2009) : *Entre les murs. Enseigner avec TV5*. http://www.tv5.org/TV5Site/enseigner-apprendre-francais/accueil_enseigner.php
- Bégaudeau, François (2006): *Entre les murs*. Paris: Gallimard
- Bongard, Tamara (2008): « La vérité est-elle entre les murs ? » In: *La Liberté*, 01.10.2008. 31
- Finkielkraut, Alain (2008): « Palme d'or pour une syntaxe défunte ». In: *Le Monde*, 03.06.2008
- Lange, Ulrike C. / Di Luca, Sonja (2009): *Paris je t'aime. Dossier pédagogique*. Stuttgart: Klett
- Meißner, Franz-Joseph (2001): „Arbeiten mit Video. Einige einleitende Bemerkungen zum Hörsehverstehen". In: *Französisch heute* 4/2001. 360–364.
- Nieweler, Andres (2003): "Das Thema Voyages im Rahmen von interkulturellem Lernen". In: *Der Fremdsprachliche Unterricht Französisch*, Heft 65, Voyages. 8–12
- Nieweler, Andreas (2006): *Fachdidaktik Französisch. Tradition – Innovation – Praxis*. Stuttgart: Klett
- Meirieu, Philippe (2008): « Cette école ne ressemble en rien à celle que je défends ». In: *Politis*, 18.09.2008
- Renzi, Eugenio (2008): À l'égalité. In: *Cahiers du Cinéma* No.637, sept. 2008. 19–21
- Wilts, Johannes (2003): „Vom bewegten Bild zum bewegten Klassenzimmer." In: *Der Fremdsprachliche Unterricht Französisch*, Heft 62 „Spielfilme". 4–10.
- Wilts, Johannes (2008): „C'est du cinéma." In: *Der Fremdsprachliche Unterricht Französisch*, Heft 91 „Le Cinéma". 2–10.

Observer un personnage

Esmeralda

_____
_____
_____
_____
_____
_____

Khoumba

_____
_____
_____
_____
_____

Souleymane

_____
_____
_____
_____
_____

Monsieur Marin

_____
_____
_____
_____
_____
_____

1. Travaillez en groupes. Chaque groupe choisit un des quatre protagonistes du film. Avant le visionnage du film, cherchez des critères pour mieux comprendre le caractère et l'évolution de votre personnage. Observez votre personnage, notez tout ce que vous apprenez sur lui.

2. Présentez « votre » personnage en classe. Notez les résultats des autres groupes dans le tableau.

© Ernst Klett Sprachen GmbH, Stuttgart 2013 |www.klett-sprachen.de | Alle Rechte vorbehalten.
Kopieren für den eigenen Unterrichtsgebrauch gestattet.
ISBN 978-3-12-920303-3

Les autoportraits

1. L'autoportrait de Carl

a) *Avant de regarder l'autoportrait de Carl, associez chaque mot ou expression à la définition qui lui correspond.*

les gothiques et les skateurs ○   ○ style de musique / danse
les Antilles ○   ○ une personne qui aime se montrer
se taper des délires ○   ○ cultures de jeunesse
un frimeur / une frimeuse ○   ○ s'amuser avec les copains
le « zouk » et la dancehall ○   ○ un copain
la « Novelle Star » et la « Star Acc » ○   ○ ancienne colonie française
faire / passer une nuit blanche ○   ○ ne pas dormir
un pote (*fam*) ○   ○ émissions de télé

b) *Regardez ensuite l'autoportrait de Carl. Qu'est-ce qu'il aime, qu'est-ce qu'il n'aime pas ?*

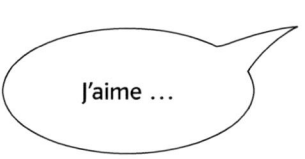

J'aime …

Je n'aime pas…

2. Les protagonistes du film

a) *Quel texte correspond à quel personnage ? Qu'est-ce qu'on apprend sur les caractères des élèves ?*

Wei   Esmeralda   Souleymane   Khoumba

a) Je suis un Chinois, j'ai quinze ans, j'ai deux sœurs, je suis le plus petit de la famille. Ma passion est de jouer aux jeux vidéo, je passe au moins quatre heures par jour là-dessus… Je ne sors presque jamais, on peut dire que presque rien ne m'intéresse à l'extérieur.

b) Plus tard, je voudrais être policière parce que les gens disent qu'il n'y a que des mauvais policiers, alors il en faut des bons. Sinon, j'aime manger, dormir et traîner avec mes potes du « tiécar ».

c) J'avoue être parfois insolente, mais si on ne me cause pas, je ne le suis pas.

d) J'ai rien à dire sur moi car personne me connaît sauf moi.

b) *Créez votre propre autoportrait sous la forme de votre choix (journal filmé, texte écrit, collage de photos…). Présentez-le en classe.*

L'exclusion de Souleymane

1. *Entre les murs*, extrait du roman

Lisez l'extrait du roman « Entre les murs » écrit par François Bégaudeau qui joue lui-même le rôle du professeur dans le film. **Localisation du texte** : *Suite à une dispute avec son professeur, Souleymane a blessé involontairement une camarade de classe. Il est alors convoqué au conseil de discipline.*

> Pour faire entrer un peu de frais, le principal a demandé qu'on laisse ouverte la porte de la salle de permanence [...].
> « Aujourd'hui nous sommes réunis, car Souleymane est appelé à comparaître en conseil de discipline. »
> 5   Le principal occupait à lui seul le côté opposé à celui de Souleymane, lui-même flanqué des deux déléguées d'élèves.
> « J'insiste bien sur le fait que, sans vouloir anticiper sur la décision qui sera prise, toute sanction a une valeur éducative. Si le conseil de discipline demande aujourd'hui l'exclusion définitive, c'est pour donner à Souleymane la possibilité de se reconstruire ailleurs. C'est lui
> 10   rendre un service que de lui rappeler la règle. »
> On est revenu sur l'incident. Chacun a dit ce qu'il pensait. Que c'était inadmissible. Que c'était dommage mais inadmissible. Le médecin scolaire a tenu à préciser que l'arcade était une partie connue pour être fragile, et que la quantité de sang écoulé n'induisait pas un coup violent. Danièle a dit que trois points de suture quand même. Grande croix en faux or au cou,
> 15   elle avait vu Souleymane manifester une certaine éthique, une certaine droiture.
> Invité à conclure en l'absence de sa mère, Souleymane a dit qu'il n'avait rien à dire, juste il ne voulait pas faire saigner Hinda. On l'a prié de sortir pour nous laisser délibérer. Lettres rouges de Redskins encerclant la coiffe de plumes d'un Indien au dos de son blouson. Nous avons voté l'exclusion définitive.

> François Bégaudeau : Entre les murs. Paris 2006, p. 214 – 215. © Éditions Gallimard.

1 **le frais** (hier) die frische Luft – 1 **le principal** der Schulleiter – 3 **comparaître** se présenter – 3 **un conseil de discipline** eine Klassenkonferenz – 5 **flanquer qn** flankieren – 9 **se reconstruire** (hier) sich wiedereingliedern – 11 **inadmissible** inacceptable – 12 **tenir à** Wert legen auf – 12 **l'arcade** die Augenbraue – 13 **induire qc** (hier) auf etw. schließen lassen – 14 **la suture** die Naht – 17 **Hinda** = Khoumba im Film – 17 **délibérer de / sur qc** über etw. beraten – 18 **une plume** eine Feder

2. Sujets d'étude

a) *Analysez le rôle du narrateur (= le professeur Marin) dans cet extrait du roman en tenant compte de sa perspective et du langage.*

b) *Comparez les deux versions de cette scène dans le roman et dans le film. Copiez le tableau dans votre cahier et remplissez-le.*

« Le conseil de discipline » dans le roman et dans le film	
Convergences	Divergences

3. Pour aller plus loin

a) *D'après vous, l'exclusion définitive de Souleymane est-elle justifiée ? Discutez.*

b) *Imaginez : Vous êtes délégué de classe et vous défendez Souleymane. Écrivez une lettre au proviseur et tentez de le convaincre de ne pas renvoyer Souleymane.*

Le débat autour du film

1. « Monsieur Marin ne fait pas de pédagogie. »

Peu après sa sortie au cinéma, le film de Laurent Cantet a été fortement critiqué par Philippe Meirieu, spécialiste des sciences de l'éducation et de la pédagogie. Lisez l'extrait d'une interview qu'il a accordée au journal « Politis ».

Q : En quoi la pédagogie d'un François Marin est-elle différente de celle que vous défendez ?

Philippe Meirieu : Je ne laisserais jamais rentrer des élèves dans une classe sans avoir installé les tables ni préparé le tableau. Je ne les laisserais jamais sortir n'importe comment, je n'admettrais jamais des prises de paroles aussi anarchiques. Je m'efforce de structurer l'espace et le temps
5 et, surtout, avec des contenus intellectuellement plus forts et mobilisateurs. La pédagogie pour laquelle je me bats est celle qui organise minutieusement la rencontre des élèves avec les questions fortes de notre culture et les amène vers une expression exigeante et le souci de la perfection… François Marin ne structure pas sa classe. Il ne fait pas de pédagogie : il fait faire, sans aucune précaution, des exercices discutables comme l'autoportrait… Le vrai message, c'est
10 que sans pédagogie, avec des gamins difficiles, on se casse la gueule.
François Marin est bourré de « bonnes intentions», mais il met en place une pédagogie qui exclut : exclusion de toute cette partie de la classe qui n'entre pas dans la joute verbale avec lui, exclusion de Souleymane après un comportement violent qu'il a contribué lui-même à déclencher, exclusion de cette élève qui va le voir, à la fin, pour lui dire qu'elle n'a rien compris de
15 toute l'année… exclusions inévitables dès lors qu'on ne travaille pas plus rigoureusement ! Cela dit, je pense qu'il faut absolument sauver le soldat Marin : il faut lui donner, par une formation pédagogique, les moyens de ses ambitions.

Entretien entre Philippe Meirieu et Ingrid Merckx, publié dans le n° 1018 de Politis 18/09/2008

4 **une prise de parole** eine Wortmeldung, ein Zwischenruf – 4 **anarchique** chaotique 5 **mobilisateur** motivant – 6 **minutieusement** précisément – 9 **sans précaution** ohne Vorsichtsmaßnahme 10 **un gamin** (fam.) un enfant – 10 **se casser la gueule** *(fam)* auf die Schnauze fallen – 11 **être bourré de** être plein de – 12 **la joute verbale** der Schlagabtausch – 14 **déclencher** provoquer – 16 « **il faut sauver le soldat Marin** » Anspielung auf den Spielfilm « Saving private Ryan » (Steven Spielberg)

2. Analyse

Qu'est-ce que reproche Philippe Meirieu à François Marin, le professeur de « Entre les murs » ?

3. Monsieur Marin – un prof en question

a) Comment jugez-vous le travail de Monsieur Marin ? Relevez ses points forts et ses faiblesses.

Ses points forts	Ses faiblesses

b) Répondez à Philippe Meirieu par une lettre de lecteur au journal Politis en soutenant ou en critiquant sa position envers Monsieur Marin.

« Le péril jeune » – l'affiche du film

À vous

1. Cherchez l'affiche du film sur Internet ou regardez la photo ci-dessus qui est presque pareille.
   Décrivez-la.

2. Quelles informations est-ce que l'affiche donne sur le film (contenu, genre, prix remportés, public visé,
   bande originale) ?

3. Discutez la signification du titre (Le péril jeune) et du slogan (Mais que faisait la police ?).

4. Imaginez une situation qui a pu mener à cette situation.

« Le péril jeune » – Les personnages

À vous

a) Travaillez en groupes. Choisissez un des protagonistes du film (Tomasi, Bruno, Léon, Alain, Maurice). Avant le visionnage du film, cherchez des critères pour mieux comprendre le caractère et l'évolution de votre personnage. Observez votre personnage, notez tout ce que vous apprenez sur lui.

Photo du personnage

_____

_____

_____

_____

_____

_____

_____

_____

_____

_____

b) Présentez « votre » personnage en classe.

c) Caractérisez « votre » personnage à l'écrit.

Être jeune en 1975

1. Une interview pour la radio allemande

Travail créatif :

Des journalistes de la radio allemande veulent savoir comment vivent les jeunes Français en 1975. Par chance (!), ils tombent sur nos cinq amis. Imaginez l'interview qu'ils donnent à la presse allemande.

Pour préparer l'interview :

a) Partagez la classe en deux groupes (les amis / les journalistes).

b) Les journalistes : Quelles questions est-ce que vous voulez poser ?

c) Les amis : Quelles questions vous seront posées ?

d) Prenez des notes, puis jouez la scène !

2. À vos plumes !

Au choix :

*a) **Les journalistes** : Écrivez un petit article pour un journal français où vous expliquez votre vision de la jeunesse française. Insérez la photo ci-dessus et ajoutez un sous-titre.*

*b) **Les cinq amis** : Écrivez une lettre aux futures générations et expliquez-leur ce que vous comprenez par « être jeune ».*

© Ernst Klett Sprachen GmbH, Stuttgart 2013 |www.klett-sprachen.de | Alle Rechte vorbehalten.
Kopieren für den eigenen Unterrichtsgebrauch gestattet.
ISBN 978-3-12-920303-3

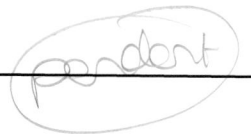

Tomasi dérape

1. Analyse d'une scène

a) *Résumez la scène (1:31:21 – 1:36:15) – à l'oral ou à l'écrit – en utilisant les expressions de l'encadré.*

> **déraper** *fam* durchdrehen – **un proviseur** Schuldirektor – **la permanence** die Hausaufgabenbetreuung –
> **le foyer** *ici:* der Oberstufenraum – **casser qc** etw. zerstören – **un pion** eine Aufsichtsperson –
> **péter les plombs** *fam* durchdrehen, die Fassung verlieren

b) *« Je suis comme la cigale, ça vous gêne que je chante tout l'été. Vous préférez les petites fourmis. »*
Expliquez ces mots que Tomasi adresse au proviseur au début de la scène.

c) *Analysez le conflit entre Tomasi et ses amis.*

d) *Regardez la fin de la scène. Comment Tomasi se sent-il ? Formulez ses pensées sous forme de monologue intérieur. Écrivez dans votre cahier.*

> **Pour rédiger un monologue intérieur…**
>
> … presque tout est permis !
>
> Souvent le monologue est écrit à la première personne et les phrases peuvent être fragmentées. Le style est direct et libre afin d'exprimer la pensée du personnage.

2. Jeu de rôle : Tomasi chez le / la psychologue scolaire

Imaginez : Le jour suivant, Tomasi se décide à aller consulter le / la psychologue scolaire de l'école.
À deux, préparez vos rôles et jouez la scène.

après

Les retrouvailles

1. Aujourd'hui

Aujourd'hui, les quatre survivants de notre bande de copains ont plus que 50 ans ! Ils se sont perdus de vue entre-temps. Imaginez qu'ils vont se retrouver pour la première fois depuis des années dans un café à Paris. De quoi vont-ils parler ?

2. La vie continue

En groupe de 4, choisissez un personnage. Imaginez comment ce personnage vit aujourd'hui (travail, famille, intérêts, aspect physique, rêves, espoirs, déceptions etc.). Imaginez comment sa vie s'est déroulée entre 1975 et aujourd'hui. Notez les résultats dans la fiche identitaire en bas. Notez ensuite les sujets que les quatre copains vont aborder dans leur conversation.

Nom	
Biographie / carrière	
Situation familiale	
Intérêts	
Rêves / espoirs / déceptions	

3. Jeu de rôle : Les retrouvailles

Formez de nouveaux groupes avec un représentant pour chaque personnage. Entrez en conversation avec les autres. Jouez la scène de la rencontre.

© Ernst Klett Sprachen GmbH, Stuttgart 2013 |www.klett-sprachen.de | Alle Rechte vorbehalten.
Kopieren für den eigenen Unterrichtsgebrauch gestattet.
ISBN 978-3-12-920303-3

« *Fais-moi des vacances* » – eine Unterrichtsreihe zum Thema *banlieue* und *grandir*

Juliane Seeringer

Ein charmanter Film zu einem ernsten Thema

Graues Vorstadtleben, Kriminalität oder familiäre Probleme: So stellt sich das Leben in der b*anlieue* dar. Didier Bivel präsentiert einen charmanten Film, der es schafft, trotz der ernsten Problematik eine gewisse Leichtigkeit zu transportieren.

Überblick ab 4. Lernjahr
Genre: Comédie
Regisseur: Didier Bivel
Drehbuch: Didier Bivel, Djamila Djabri, Marc Syrigas, Philippe Lasry
Produktion: Sunday Morning Productions, Les Films A4, France 2 Cinéma, Havas Images
Hauptdarsteller: Aymen Saidi (Lucien), Ibrahim Koma (Adama), Nabil El Bohairi (José)
Kinostart: 2002

Synopse des Films

Für Lucien und Adama, zwei etwa zehnjährige Vorstadtjungen, beginnen die großen Ferien. Die schwierigen sozialen Verhältnisse erlauben es ihnen nicht, wie andere Freunde und Nachbarn, in die Ferien zu fahren, womit sie sich allerdings nicht zufrieden geben. Sie ergreifen die Initiative und versuchen auf ihre gewitzte Art und Weise, in den Genuss von Ferien zu kommen, wobei sie auf allerlei Hindernisse stoßen. Schließlich gelingt es ihnen, im Wohnwagen einer benachbarten Familie als „blinde Passagiere" in die Ferien aufzubrechen. Sie verbringen die erste Nacht im Freien unter dem Wohnwagen und stellen am nächsten Morgen mit Schrecken fest, dass sie in einem Nudistencamp gelandet sind. Sie setzen ihren Weg alleine fort, irren umher und lernen durch Zufall eine wohlhabende Engländerin kennen, die mit ihrem Umfeld, ihrer charmanten und entspannten Art den Gegenentwurf zu dem darstellt, was Lucien und Adama kennen und gewohnt sind. In einem von ihnen besetzten Landsitz genießen sie Momente der Freiheit und Entspannung – leider nur kurz, denn sie werden recht bald von den Besitzern überrascht. Zurück in der *cité* haben sie unter den von den Eltern aufgelegten Strafen und Restriktionen zu leiden und dürfen sich nicht einmal sprechen, als sie einander im Supermarkt begegnen. Trotz des Hausarrests organisieren sie ein geheimes Treffen, bei dem sie ihre Reise nostalgisch Revue passieren lassen. In einem letzten Coup gelingt es ihnen dennoch, in die Ferien zu fahren. Lucien stiehlt seinem großen Bruder José Geld; in der Abschlussszene sieht man die beiden an einem menschenleeren Strand. Für Lucien und Adama beginnen die Ferien, für die anderen die Schule… Neben dem Thema Ferien und den damit verbundenen charmanten Eskapaden steht der große Bruder José mit seiner Kriminalität, seiner Gewaltbereitschaft und dem elterlichen Konflikt im Fokus.

Didier Bivel wirft in seinem Film *Fais-moi des vacances* einen soziologischen Blick auf das Leben sozial schwacher Familien in der *banlieue*.

Themen
- Zwei zehnjährige Jungen, deren Familien die finanziellen Mittel fehlen in die Ferien zu fahren, versuchen dieser Ungerechtigkeit zu begegnen, indem sie sich selbst auf den Weg machen.
- Das Leben sozial schwacher Familien in der *banlieue* und die damit einhergehenden Probleme wie familiäre Konflikte, Kriminalität und Gewalt.
- *Grandir, Les jeunes*

Allgemeine Kompetenzen

Der Film bietet die Möglichkeit, sich intensiv mit den Protagonisten auseinander zu setzen, sich in ihre meist sehr schwierigen Situationen einzufühlen, Erklärungen für Handlungsmuster zu erstellen, diese aber auch zu analysieren und nach Lösungsansätzen zu suchen. Die Arbeit mit den verschiedenen Szenen des Films hat zum Ziel, die Sensibilisierung für die Bildsprache ins Zentrum zu rücken, um der Frage nachzugehen, wie z. B. Kameraführung oder die Wahl der Perspektiven den Inhalt transportieren und ihm eine Richtung geben.

Sprachliche Kompetenzen

Für die Schüler geht es neben der Wiedergabe von Gedanken und der Darstellung problematischer Situationen auch um die Anwendung von Fachvokabular im Bereich der Bildsprache. Hinzu kommt der Erwerb von sprachlichen Mitteln im Themenbereich *les vacances* und *la vie dans la cité / la banlieue* und die Arbeit mit der im Film realistisch angewandten *langage des jeunes*. Hinzu kommen Schreibanlässe, die sich aus den unterschiedlichen Szenen ergeben und eine inhaltliche Vertiefung anvisieren. Aus der Anlage des Mediums Film ergibt sich, dass das Hör- und Sehverstehen gefordert und gefördert wird.

Zum Einsatz im Unterricht

Didier Bivel erzählt mit seinem Film *Fais-moi des vacances* zunächst auf humoristische Art und Weise die Geschichte zweier *banlieue*-Jungen, die aus finanziellen Gründen nicht in die Ferien fahren können, sich aber dennoch auf den Weg machen und sich durchschlagen. Interessant ist, dass der Film eine Reihe von wichtigen und grundsätzlichen Themen wie z. B. soziale Ungerechtigkeit, Erziehung oder die familiären Verhältnisse in einem schwierigen Umfeld aus der Sicht von Lucien und Adama aufwirft und verarbeitet. Dieser Blickwinkel verleiht dem Film eine gewisse Leichtigkeit und auch Witz, so dass er dem Zuschauer viele Anlässe zum Nachdenken bietet und trotz des schwierigen Themas gleichzeitig unterhaltsam ist. Diese Mischung erleichtert auch den Lernenden den Zugang und die Arbeit mit dem Film.

Den Bedenken, dass der Film durch die beiden zehnjährigen Protagonisten zu kindlich für Schüler der ausgehenden Sekundarstufe I oder beginnenden Sekundarstufe II sein könnte, kann dahingehend begegnet werden, dass sie eben gerade für den Charme des Films sorgen und Luciens großer Bruder José mit 19 Jahren den Schülern altersmäßig näher steht und vielfältige Beobachtungs- und Diskussionsanlässe bietet.

Sprachlich ist der Film durch das umgangssprachliche Französisch und das hohe Sprachtempo durchaus anspruchsvoll, vieles kann aber über die Bilder und den Gesamtzusammenhang erschlossen werden.

Auswahl der Szenen

Die vorliegende Unterrichtssequenz hat drei Schwerpunkte (siehe Übersicht), von denen der erste *La vie difficile dans la cité* und dritte *La violence omniprésente* sich mit den besonders kritischen und problematischen Gegebenheiten beschäftigt, während der zweite *En route vers les vacances* die geglückte Flucht und den kurzen Moment der Freiheit und Unabhängigkeit darstellt: Die erste Szene verdeutlicht die schwierigen Lebensverhältnisse in der *cité*, die der Grund für die nicht zu realisierenden Ferien von Lucien und Adama sind (*fdt 4.2*).

Es schließen sich zwei Szenen ihrer „Flucht" an (*fdt 4.3 + 4.4*). Lucien und Adama sind entschlossen, raus zu kommen, weg von den schwierigen familiären Verhältnissen auf der Suche nach etwas Freiheit. Zunächst zeigen sich Schwierigkeiten, denen die beiden Jungen auf ihrem Weg ausgesetzt sind, nachdem sie es nun schließlich geschafft haben, von zu Hause wegzulaufen und ihre Ferien anzutreten. Die zweite Szene repräsentiert den Höhepunkt ihrer *fugue*. In dem besetzten Haus in Südfrankreich fühlen sie sich für einen Moment frei, unbeschwert und ein bisschen erwachsen – bis zu dem Moment, als die Hausbesitzer eintreffen.

Die drei weiteren Szenen beschäftigen sich mit der im Film ständig präsenten Gewalt (*fdt 4.5 – 4.7*). Jede der Szenen zeigt eine unterschiedliche Art der Gewalt mit unterschiedlichen Figuren des Films: Lucien und Adama drohen ihrer gleichaltrigen Nachbarin Gewalt an, wenn sie ihren Eltern erzählt, dass sie heimlich im Wohnwagen mitfahren, José lässt seine Gewalt an den Spinden im väterlichen Betrieb im Konflikt mit seinem Vater aus. Und schließlich schlägt José Lucien nieder, nachdem dieser seine Bewunderung für seinen großen Bruder kundgetan hat.

Fais-moi des vacances bietet Zugang zu Themen wie Gewalt, Gewalt in der Familie, *Les jeunes*, *La banlieue*, *Grandir*…

Bei einer losgelösten Arbeit im Rahmen von Themen wie etwa *La banlieue*, *Les jeunes en France* oder *Grandir*, ist es sinnvoll, zum Beispiel die Szene *Le conflit entre José et son père* mit den zwei letzten Szenen zu *La violence omniprésente* zu koppeln. Diese Szenen sind exemplarisch und lassen sich im Unterricht gut einsetzen, gerade weil der Blick des Regisseurs Didier Bivel realitätsnah und fast etwas abgeklärt wirkt. In diesem Zusammenhang bedarf es keiner vollständigen Filmpräsentation.

Um allerdings den Charme und die Leichtigkeit des Films bei einer intensiveren Arbeit für die Schüler nicht zu sehr in den Hintergrund rücken zu lassen, ist es sinnvoll, den Film vor der Einheit in seiner Gesamtheit zu präsentieren.

Übersicht über den Verlauf der Sequenz

Thema	Aktivitäten	Lernziele	*fdt*
L' ... : du film	Beschreibung eines Filmplakats Hypothesenbildung	Versprachlichung eines Bildimpulses Vermutungen zum Inhalt ausdrücken	*fdt* *4.1*
La vie difficile dans la cité			
Le conflit entre José et son père	Vervollständigung eines *scénarimage* Erklären und Analysieren eines Konflikts	Versprachlichung eines *scénarimage* Sensibilisierung hinsichtlich der Wirkung und textunterstützenden Funktion von Bildern im Film	*fdt* *4.2*
En route vers les vacances			
Des moments difficiles en route	Benennen der unterschiedlichen Situationen Abwägen des Formats Road-movie	globales Hörverstehen stärken Kernaussagen erfassen	*fdt* *4.3*
Un moment de liberté et de luxe	Bildbeschreibung die Gefühlswelt und das Verhalten der Protagonisten beschreiben und erklären	Bilder vergleichen Textproduktion: Bewertung eines Verhaltens	*fdt* *4.4*
La violence omniprésente			
« Nous, ce qu'on veut, c'est juste partir en vacances »	Beschreibung einer Filmszene das Verhalten zweier Personen vergleichen und bewerten	Beschreibung einer Szene Textsortentraining : Analyse eines Verhaltens in einer bestimmten Situation	*fdt* *4.5*
« J'ai pas envie d'être comme toi. » – José et son père	Beschreibung einer Filmszene Ausfüllen eines *scénarimage* Interpretation der Kameraeinstellungen	Ein *scénarimage* interpretieren Sensibilisierung für die Sprache der Bilder im Film	*fdt* *4.6*
« Moi, je veux être comme toi. » – Lucien et José	das Verhalten einer Person bewerten eine Gedankenblase füllen einen inneren Monolog schreiben	Motive einer Figur erarbeiten und kreativ umsetzen	*fdt* *4.7*

Die Arbeit mit dem Film

fdt 4.1 : L'affiche du film

Der Einstieg zur Arbeit mit dem Film kann klassisch über das Filmplakat erfolgen, das allerdings nur den Aspekt der geglückten Ferien in den Mittelpunkt rückt. Allenfalls der steinige Strand könnte eine Frage aufwerfen. Daher bietet es sich an, den zu vervollständigenden *Satz Dans le film « Fais-moi des vacances », il s'agit probablement de...* im Anschluss an die Filmpräsentation noch einmal ohne *probablement* ergänzen zu lassen und die Themenschwerpunkte des Films zu erarbeiten. Zu dem offensichtlichen Thema wie *les vacances* kommen *la vie dans la cité* und *les conflits familiaux* hinzu, die sich vor allem in dem Konfliktdreieck *José – le père – Lucien* und der Gewaltbereitschaft zeigen.

Vokabular zur Erarbeitung der *langage d'un film* kann der *fdt 1.1* entnommen werden.

fdt 4.2 : Le conflit entre José et son père

Diese erste zu erarbeitende Sequenz soll den Schülern einerseits die räumlichen Verhältnisse, in denen Lucien lebt, aufzeigen und andererseits die familiäre

Situation verdeutlichen, wobei auch der Konflikt zwischen dem Vater und dem älteren Sohn José deutlich wird. Die erste Präsentation der Sequenz (06:59-07:59) erfolgt ohne Ton mit einer geteilten Aufgabenstellung.

Groupe A	Groupe B
Décrivez l'intérieur de l'appartement. Qu'est-ce qu'on peut en déduire ? [Un petit appartement, l'intérieur de la cuisine semble être vieux, tout est simple, le miroir de la salle de bain est cassé, dans la chambre de José, il y a la chaîne hi-fi, le tag à la porte et une affiche avec une femme nue au mur. C'est une famille avec des moyens modestes qui vit sûrement dans des conditions difficiles.]	Décrivez le comportement des membres de la famille lors du dîner. Qu'est-ce que le spectateur apprend de la situation familiale ? [Lucien et sa petite sœur Pamela se trouvent à table et mangent, la mère range, le père se rase, José mange seul dans sa chambre, il y a un conflit entre le père et José. Apparemment, il n'y a pas de dîner commun. Les enfants mangent seuls. Il y a un conflit entre le père et le fils.]

Im Anschluss wird mit *fdt 4.2* der Konflikt zwischen dem Vater und José genauer herausgearbeitet. Nach der erneuten Präsentation der Szene sollte der Fokus auf dem Text und den Anspielungen liegen, die im *scénarimage* erklärt werden sollen.

les paroles	l'explication
José : « Qu'est-ce qu'il y a ? Tu veux me faire ta morale encore ? Le samedi tu te lèves à six heures ? »	Il y a souvent des disputes.
Le père : « Tu sais pourquoi je me lève à six heures. »	Le père exerce un travail dur.
José : « Pour payer des vacances à Lucien.	Il travaille pour nourrir la famille. Ironique : Le père ne peut pas offrir des vacances à Lucien.
Moi, je me lève à midi. Regarde ce que je gagne. Ben, regarde. […]	Son travail reste obscur. Probablement, c'est un dealer – un travail illégal, mais une vie plus confortable avec plus d'argent !
Tu devrais être fier de ton fils. »	Il veut que son père soit fier de lui.

Die Arbeit hinsichtlich der Kameraeinstellung zeigt, wie die Konfrontation intensiviert wird. Sie ist nur auf das Gesicht gerichtet, also eine Nahaufnahme. Dadurch wird die Mimik sehr deutlich und auch Unnachgiebigkeit in den Gesichtern ist unverstellt.

la perspective	l'effet
plan rapproché : La première image montre une plongée de la caméra.	L'expression du visage est très directe. On a l'impression que le père regarde José.
plan rapproché	L'expression reste directe, le conflit est visible.
plan rapproché	./.

fdt 4.3 : *Les difficultés en route*

Als Hinführung zu den Roadmovie-Szenen ist es sinnvoll, den Schülern noch einmal die Szene zu zeigen, in der Lucien und Adama der Familie von Lila beim Koffertragen helfen und die Szene (27:45 – 29:06) in dem Moment stoppen, wenn der Zuschauer den Wohnwagen wegfahren sieht. Daraus ergibt sich die Fragestellung: *Quelle perspective le réalisateur a-t-il choisi et quel en est l'effet pour le spectateur ? [Didier Bivel a choisi un plan général. Il en résulte que le spectateur a l'impression que Lucien et Adama poursuivent le départ de la caravane. On ne se doute pas qu'ils se trouvent à l'intérieur.]* Dann kann die Szene weitergesehen werden, bis die beiden Jungen aus dem Schrank im Wohnwagen klettern (29:07 – 29:23).

Nach einer kurzen Erklärung der Situation können die Schüler die inhaltliche Lücke zwischen der Verabschiedung und dem Herausklettern aus dem Schrank als Kreativaufgabe füllen: *Inventez le dialogue de Lucien et Adama entre-temps.*

Im Anschluss beginnt der Roadmovie-Teil des Films. Lucien und Adama gehen ihren eigenen Weg, da sie vom Nudisten-Camp, in dem sie sich wiederfinden, angewidert sind. Sie ziehen los, wissen nicht, wo sie sind, verbringen eine Nacht im Wald voller Angst, sind am nächsten Tag entmutigt, brauchen dringend etwas zu essen und klauen schließlich eine Gans von einem Hof.

Das Ziel der Bearbeitung von *fdt 4.3* ist es, die Situationen auf den Bildern zu beschreiben und sie anschließend nur durch den Höreindruck in die richtige Reihenfolge zu bringen und mit einem Titel zu versehen (z. B. *une nuit de peur, l'errance, une oie contre la faim, le découragement, être dégoûté*). Im Anschluss sollte das Spannungsfeld herausgearbeitet werden, in dem sie sich bewegen, zwischen Mut und Angst, zwischen Freiheit und Zwängen, zwischen Ferien und der Tatsache, dass es keine sind.

Da der Ausschnitt in vollem Umfang etwa sieben Minuten dauert, ist es an dieser Stelle sinnvoll, mit Lesezeichen zu arbeiten, die man vorher setzt.

fdt 4.4 : *Adama & Lucien : un moment de liberté et de luxe*

Den Höhepunkt der *évasion* stellt die Szene in dem von den beiden Jungen „besetzten" Landsitz dar. Vor der Präsentation der Szene soll über den Bildvergleich der Kontrast zwischen dem besetzten Haus und dem Appartement von Luciens Familie und der jeweiligen Umgebung herausgearbeitet werden. Danach stehen zunächst die Gefühle von Lucien und Adama im Zentrum der Beobachtung (*ils sont détendus, se sentent à l'aise, libres et indépendants*). Das Ziel der dritten Aufgabe ist es, einerseits das Gefühl der Freiheit der beiden Jungen zum Ausdruck zu bringen und andererseits den Charme der Szene herauszuarbeiten, der darin besteht, dass sich Lucien und Adama wie kleine Erwachsene verhalten, Lucien vor dem Spiegel den Verführer übt und Adama ein gepflegtes Bad nimmt. An dieser Stelle zeigt sich, dass sie sich einerseits mitten in der Phase der Persönlichkeitsbildung befinden und sich andererseits kurz dem Traum hingeben können, entspannt, frei und ohne Geldsorgen zu sein.

Die Szenerie findet mit Eintreffen der Besitzer ein jähes Ende. Luciens Reaktion kann beschrieben und gedeutet werden: Er ist zunächst sprachlos und stammelt dann einige englische Silben. Entweder ist er noch in seinem Spiel verfangen oder er hofft, dass er zunächst nicht verstanden wird. Auch an dieser Stelle könnte die

Lücke zur nächsten Szene gefüllt werden: *Écrivez un texte qui décrit ce qui se passe après l'arrivée des propriétaires de la maison.*

fdt 4.5: « Nous, ce qu'on veut, c'est juste partir en vacances ».

Für Lucien und Adama beginnen im Wohnwagen die Ferien. Sie sind auf dem Weg. In dem Moment, in dem Lila im Wohnwagen nach ihrem Walkman suchen möchte, sieht vor allem Lucien ihre gerade begonnenen Ferien in Gefahr und bedroht Lila. Adama fühlt sich in der Situation sichtlich unwohl. Dieser Kontrast, der sich auch in den Gesichtsausdrücken erkennen lässt, sollte durch die Beschreibung der Szene herausgearbeitet werden. Nach der Präsentation der Szene wird der Vergleich des Verhaltens erarbeitet.

le comportement de Lucien	le comportement d'Adama
Lucien menace Lila, lui tient la fourchette à la gorge et lui dit qu'ils « veulent juste partir en vacances ».	Adama est plutôt inquiet, ne sait pas quoi faire et lui demande ce qu'il fait, puis il essuie les larmes de Lila (en tenant un couteau dans sa main), mais à la fin, il s'adapte à Lucien en disant qu'elle serait morte si elle dit quelque chose.

Die Frage nach Luciens Verhalten zielt darauf ab, die Gewaltbereitschaft Luciens zu zeigen. Es erscheint geradezu selbstverständlich für ihn, dass er Lila direkt bedroht. Hinzu kommt, dass er ihr die Gabel an den Hals drückt, sie auch physisch bedrängt und seine Bedrohung so unterstreicht. Er handelt so, wie er es im Zweifelsfall von seinem Bruder kennt. An späterer Stelle sagt er: « Il faut s'imposer, c'est tout. » Adama ist an dieser Stelle nicht so skrupellos und stark verunsichert.

fdt 6 : « J'ai pas envie d'être comme toi ». – José et son père

José versucht in dieser Szene, in Kontakt mit seinem Vater zu treten und sucht diesen in seinem Betrieb auf. José öffnet sich und wirkt hilflos, aber der Vater geht darauf nicht ein. Als José zu ihm sagt, dass alles, was er tut, falsch zu sein scheint und er nicht so sein wolle wie sein Vater, ist dieser wütend und entgegnet ihm, dass José ein Typ ist, vor dem man Angst haben muss. José rastet schließlich aus und schlägt auf die Spinde im Umkleideraum ein.

Die erste Aufgabe beschäftigt sich mit der nicht-kommunikativen Seite der Szene. Lösungsvorschlag:

[Quand le père entre dans les vestiaires, il ne parle pas, ne lui dit pas bonjour et regarde José qui répond à son regard. Cela montre qu'il n'est pas content de le voir. Quand José avoue qu'il ne sera peut-être jamais heureux, il a un regard inquiet qui montre la faiblesse et l'incertitude – ceci n'arrive qu'une fois dans le film. Mais le père ne réagit pas. À la fin, le père ne dit rien lorsque ses collègues voient José, il ne s'oppose pas et reste immobile. C'est un moment d'impuissance et de manque d'engagement, blessant pour José.]

In der zweiten Aufgabe füllen die Schüler das *scénarimage* aus. Um den Einsatz von Fachbegriffen zu gewährleisten, ist eine Vorentlastung sinnvoll. Empfehlenswert ist z. B. eine Präsentation des Goethe-Instituts zum Thema Grundbegriffe der Filmanalyse oder ein Blick in den einführenden Beitrag dieses Buches. Die Präsentation ist auf Deutsch, aber alle Fachbegriffe stehen auf Französisch in Klammern. Mit Hilfe dieser Präsentation lässt sich das *scénarimage* gut bearbeiten.

Bei der Auswertung ist es wichtig, den Aspekt der Zeit mit einzubeziehen. Die erste und die vierte Einstellung gehen über 28 und 11 Sekunden. Bivel hat diese Einstellungen extrem ausgedehnt und zeigt damit den inneren Konflikt Josés, seine Problematik, als würde die Zeit still stehen, sowie am Ende der Szene den Vater, der verunsichert zurückbleibt, aber auch nicht reagiert oder eingegriffen hat, als sein Sohn rausgebracht wurde.

la perspective, la caméra	l'effet
plan rapproché, travelling de la caméra, puis arrêt	On est très proche de José, il est immobile, mais on sait qu'à l'intérieur, il y a qc – réflexion, effort sur soi-même (de la musique).
gros plan, champ	ralentissement, la confrontation
gros plan, contre-champ	ralentissement, la confrontation
plan de demi-ensemble, caméra fixe	Soutient ce moment dramatique, renforce l'immobilité du père.

Ergänzend kann die folgende Frage bearbeitet werden:
Didier Bivel parle lui-même d'une scène-clé dans le film. Expliquez pourquoi.

fdt 4.7 : « Je veux être comme toi ». – Lucien et José

Für Lucien ist sein großer Bruder José ein Vorbild: *« Je veux être comme toi »*. Er war nicht lange in der Schule, ist unabhängig und hat Geld. José sieht seinen eigenen Weg kritisch und es wühlt ihn auf, dass Lucien in seine Fußstapfen treten möchte. Die Szene ist besonders aussagekräftig, da sie wieder einmal die Gewaltbereitschaft Josés zeigt, dieses Mal auf brutale Art und Weise gegenüber seinem kleinen Bruder, quasi als Abschreckung.

Darüber hinaus ist Luciens naive Bewunderung erschreckend und für den Zuschauer wird schnell aus *Je veux être comme toi.* der Satz *Je vais être comme toi.* Lucien will so sein wie sein großer Bruder – wird er so wie er? Im Gegensatz dazu will der große Bruder nicht so sein wie sein Vater, ist sich aber bewusst, dass er selbst nicht glücklich ist und sieht sich für Lucien nicht als anzustrebendes Beispiel. Es ist wie ein Generationenkonflikt, dem die Protagonisten, auch den ungünstigen Lebensbedingungen geschuldet, vielleicht kaum entfliehen können.

Das Arbeitsblatt versucht, diese Strukturen herauszuarbeiten. Nach der Filmpräsentation wird das Verhalten Josés untersucht und der Moment, bevor er Lucien verprügelt, durch das Füllen einer Gedankenblase kreativ bearbeitet. In einem inneren Monolog können die Schüler sich dann in die Lage Josés hineinversetzen und seine Lebenssituation reflektieren.

Als Abschluss des Schwerpunktes *La violence* kann die analytische Frage stehen:
Pourquoi toutes les disputes ou conversations aboutissent-elles à un acte violent ?

Weitere kreative Aufgaben wären z. B., über die Zukunft von Lucien und Adama nachzudenken, einen rückblickenden Dialog verfassen zu lassen oder über das folgende Zitat des Regisseurs Didier Bivel zu diskutieren: *Ça aussi on voulait en parler : la passation entre générations. Plus jeune, José a été comme Lucien. Mais il a dix-neuf ans et il ne fait plus rire personne.*

Literatur

Seeringer, Juliane (2008): « Et si on partait ? » Produktionsorientierte und kreative
Filmanalyse zu *Fais-moi des vacances*." In: *Der Fremdsprachliche Unterricht
Französisch*, Heft 91 "Le cinéma". 24 – 28. Seelze-Velber.

Filmografie

Bivel, didier (2002): *Fais-moi des vacances*. Frankreich: Sunday Morning Productions
(Studio37-Orange).

Webliografie

Das Institut Français bietet auf der Homepage ein Dossier zu *Fais-moi des vacances*
an: http://www.institut-francais.de/cinefete/9/index.php?main=dossier

Die für den Deutschunterricht vorgesehene Einführung in die Filmanalyse ist in
einer Version mit französischen Begriffen versehen: http://www.goethe.de/ins/us/
bos/prj/kug/gdf/deindex.htm

Introduction – L'affiche du film

1. *Décrivez l'affiche du film.*

_____

_____

_____

2. *Formulez des hypothèses sur le contenu du film.*

Dans *Fais-moi des vacances*, il s'agit probablement de _____

_____

_____

La vie dans la cité : Le conflit entre José et son père

les images	la perspective	l'effet	les paroles	l'explication des allusions
07:29			*José* : « _____ ? Tu veux me faire ta morale encore ? Le samedi _____ à six heures ? » *Le père* : « Tu sais pourquoi _____ ». *José* : « Pour payer des vacances _____ . »	
07:48			Moi, je me lève à midi. _____ . Ben, regarde. […] _____	
07:54			Tu devrais être _____ de ton fils. »	

faire la morale à qn jdm eine Moralpredigt halten – **être fier de qn** auf jdn stolz sein

1. *Avant le visionnage : Remplissez la discussion entre José et son père. Comment est-ce que vous vous imaginez la scène dans le film ?*
2. *Regardez la scène (06:59 – 07:59) et remplissez l'explication des allusions dans le scénarimage.*
3. *Regardez les images précises et remplissez la colonne de la perspective et de l'effet. Résumez l'intention de la perspective choisie par le réalisateur.*

Des moments difficiles en route –
« C'est pas des vacances ça, j'veux rentrer ».

1. *Regardez les deux extraits du film (36:18 – 42:26 et 44:35 – 45:21) et décrivez les difficultés qu'ils rencontrent en route.*

_____

_____

_____

_____

_____

_____

2. *En général, l'action d'un road-movie se déroule sur une route et ce voyage représente la recherche de l'identité et de la liberté. En considérant Lucien et Adama, qu'en pensez-vous ?*

_____

_____

_____

_____

_____

_____

Adama & Lucien : un moment de liberté et de luxe

1. *Comparez la maison squattée à l'appartement de la famille de Lucien.*

le squat

l'appartement dans la cité

2. *Regardez la scène (57:28 – 59:04) et décrivez les sentiments de Lucien et d'Adama.*

_____

_____

_____

_____

_____

_____

3. *Expliquez le comportement des deux garçons. Quel est le charme de cette scène ?*

_____

_____

_____

_____

_____

_____

« Nous, ce qu'on veut, c'est juste partir en vacances... »

1. *Regardez la scène (31:00 – 32:15) et comparez le comportement de Lucien à celui d'Adama.*

Le comportement de Lucien	Le comportement d'Adama

2. *Observez précisément les mouvements et les gestes de Lucien. Jugez-les et essayez d'en trouver les causes.*

« J'ai pas envie d'être comme toi. » – José et son père

1. *Pour le réalisateur Didier Bivel, la « non-communication » entre père et fils était très importante dans cette scène. Regardez-la (1:08:08 – 1:10:48) et expliquez quels en sont les effets.*

2. *Au début et à la fin de cette scène, la caméra soutient également l'effet de la non-communication. Remplissez le scénarimage et expliquez le rôle des planséquences suivantes en considérant également le temps.*

le temps	la planséquence	la perspective, la caméra	l'effet
1:08:08 – 1:08:36			
1:08:49 – 1:08:50			
1 :08 :51 – 1 :08 :52			
1:11:00 – 1:11:12			

« J'ai pas envie d'être comme toi. » – José et son père

« Moi, je veux être comme toi... » – Lucien et José

1. *Après avoir regardé la scène (1:14:15 – 1:16:26), expliquez pourquoi José agit de cette manière. Quelles sont ses raisons ?*

_____

_____

_____

_____

_____

2. *Avant de sortir de la voiture, José reste un moment immobile. Que pense-t-il ?*

3. *Écrivez un monologue intérieur de José en reflétant ses actions, sa vie en général et son avenir.*

_____

_____

_____

_____

_____

Klett

« *Famille je vous hais* » ! ? – Die Filme *C.R.A.Z.Y.* und *Le premier jour du reste de ta vie* zum Thema Erwachsenwerden in der Familie

Ulrike C. Lange

Erwachsen werden, seinen eigenen Weg finden. Freunden vertrauen und sich in, mit und manchmal auch gegen seine Familie behaupten können. Welcher Jugendliche oder junge Erwachsene denkt nicht über diese Dinge nach?

La vie des jeunes / des ados – das ist ein in allen Lehrplänen, (nicht nur) im Fach Französisch, verankertes Thema. Und auch die neuen Bildungsstandards für die fortgeführten Fremdsprachen (Englisch / Französisch) für die Allgemeine Hochschulreife (KMK 2012: 10) weisen diesen Bereich explizit unter der Formulierung „Themen der Lebens- und Erfahrungswelt Heranwachsender" aus.

Der Einstieg in die Behandlung des Themas wird häufig in der Übergangsstufe angesiedelt, wobei oft ein gemischtes Dossier als Grundlage und Einführung in die Oberstufenarbeit dient. Die Übergangsstufe ist aber in Zeiten des verkürzten Lehrgangs G 8 mehr denn je eine Klassenstufe, in der Lernende in einem Kurs zusammen kommen, die sowohl von ihrer emotionalen Entwicklung wie auch von ihren Vorkenntnissen (z. B. 2. + 3. Fremdsprache, Quereinsteiger etc.) und ihrem Leistungsstand äußerst heterogen sind. Es ist also (nicht nur hier) sinnvoll, Texte zu wählen, die das differenzierende Arbeiten erleichtern.

Bedürfnis nach Binnendifferenzierung in der Übergangsstufe

Filme bieten dazu ein gutes Potenzial, da sie durch das zweikanalige Angebot von Ton und Bild das Verständnis im Kontext leichter machen und dennoch authentische Sprachvorbilder und einen Einblick in die Zielkultur geben. Außerdem liefern sie die Möglichkeit, unterschiedliche mündliche und schriftliche Zieltextformate zu trainieren sowie Leerstellen kreativ-produktiv zu füllen. Dieser Beitrag möchte von daher den Vorschlag machen, mit Filmen das Thema „Erwachsenwerden in der Familie" zu erschließen, entweder anhand von Ausschnitten, die ein gemischtes Textdossier ergänzen können, oder in der Analyse eines kompletten Films allein oder im Vergleich zueinander.

Zahlreiche frankophone Filme der letzten Jahre drehen sich um die Probleme der Jugendlichen und jungen Erwachsenen in ihren Familien (vgl. Liste im Anhang). Hier werden zwei Filme gewählt, ein französischer *Le premier jour du reste de ta vie* (Rémi Bezançon, 2009) und ein québecer Film *C.R.A.Z.Y.* (Jean-Marc Vallée, 2005), die viele Berührungspunkte und Parallelen aufweisen, auch wenn sie auf unterschiedlichen Kontinenten und in unterschiedlichen Jahrzehnten spielen. Beide Filme erzählen vom Erwachsenwerden in der Familie. Während *Le premier jour* (PJ) in wechselnden Perspektiven alle fünf Mitglieder der Familie im Blick hat, fokussiert *C.R.A.Z.Y.* (C) auf dem vierten von fünf Söhnen, Zach, der sich seiner Homosexualität bewusst wird (für eine ausführliche Zusammenfassung siehe die Synopsen). *Le premier jour* hat insofern den Vorteil, breitere Identifikationsangebote auch für Mädchen zu machen, da die Sicht von Fleur, der jüngsten Tochter der Familie, im Blick ist ebenso wie die ihrer Mutter, die ihr Leben nach dem Auszug ihrer Kinder versucht neu zu gestalten. Besonders reizvoll ist es aber, beide Filme je nach Zeitbudget in Auszügen oder in Gänze einander gegenüberzustellen.

Die erste offensichtliche Parallele der beiden Filme ist der québecer Schauspieler Marc-André Grondin, der sowohl den Québecer Zach in *C.R.A.Z.Y.* verkörpert als auch den Franzosen Raphaël in *Le premier jour*. Für beide Charaktere ist die Musik sehr wichtig, die auch insgesamt in den Filmen inhaltlich und ästhetisch eine Rolle spielt. Diese kann auch ein Anknüpfungspunkt für die weiterführende Arbeit im Unterricht sein, z. B. in Form einer anschließenden Reihe zur Musik in ihrer Rolle als Identifikationshilfe für junge Menschen. Beide Filme übernehmen als Titel den eines Liedes oder spielen auf ihn an: *Le premier jour du reste de ta vie* den des gleichnamigen Chansons von Etienne Daho aus dem Jahre 1988, *C.R.A.Z.Y.* wiederum bezieht sich einerseits auf das Lied von Patsy Cline, stellt aber auch das Akronym der Anfangsbuchstaben der fünf Brüder in der Reihenfolge ihrer Geburt dar und das englische Adjektiv deutet auf die zum Teil verrückten Beziehungen hin, die der Film vorführt.

In beiden Filmen werden die Unterschiede der Geschwister untereinander und ihr jeweiliges Verhältnis zu den Eltern ausführlich thematisiert; die jeweils im Mittelpunkt stehenden Figuren durchlaufen alle eine Phase der tief empfundenen Abgrenzung, die sich in der Formel *Famille je vous hais* (nach André Gide) fassen lässt. Dies zeigt sich im Verhältnis von Mutter und Tochter in *Le premier jour*, besonders wichtig aber ist in beiden Filmen jeweils die Beziehung zwischen Vater und Sohn. In *Le premier jour* wird dieser Aspekt über drei Generationen auch in Bezug zum Großvater dargestellt. Die entscheidende Familienkrise ereignet sich in beiden Streifen am Tag der Hochzeit des ältesten Sohnes, wenn die gesamte Familie zusammen kommt. Außerdem ist der Tod eines Familienmitglieds und das, was er für den Rest der Familie bewirkt, ein wichtiges Element. Es lassen sich also viele Vergleiche anstellen, um Gemeinsamkeiten und Unterschiede herauszuarbeiten, die ihrerseits auf die eigene Lebenswelt der Lernenden bezogen werden können und sollten. Ein Vergleich könnte in Bezug auf die Auseinandersetzung der Generationen miteinander und die Rolle der Musik auch mit dem Film *LOL* (2008) von Lisa Azuelos angestellt werden.

Trotz der vielen Parallelen ist es natürlich auch möglich, nur einen Film exemplarisch zu behandeln oder nur verschiedene Auszüge gegenüberzustellen. Bei einer notwendigen Auswahl sollte der Schwierigkeitsgrad jeweils berücksichtigt werden. So stellt der québecer Film durch den für deutsche Schülerinnen und Schüler ungewohnten Akzent sicher zwar einen Reiz, aber auch eine zusätzliche Hürde dar, die nicht unterschätzt werden sollte, weshalb es sich empfiehlt, mindestens diesen Film mit französischen Untertiteln zu schauen (auf der kanadischen Version der DVD als Untertitel für Gehörlose zu finden, ebenso auf der DVD von *Le premier jour*).

Die Arbeit mit den Filmen soll hier in modularer und exemplarischer Form angeboten werden, wobei das verbindende Element die Möglichkeit der Identifikation mit oder der Abgrenzung zu den Filmfiguren ist, um so immer wieder die Lebensrealität der Lernenden als Grundlage für die unterrichtliche Diskussion zu verorten. Die *fiches de travail* können in der vorgeschlagenen Abfolge oder aber frei kombiniert ausgewählt werden, je nach Schwerpunkt, den die Lerngruppe oder die Lehrperson gewählt haben. Selbstverständlich decken sie nicht alle Aspekte der Filme ab, hier lässt sich umfangreich ergänzen.

C.R.A.Z.Y.

ab 5. Lernjahr

Fiche technique
Québec 2005, 127 minutes
Réalisateur : Jean-Marc Vallée
Scénario : Jean-Marc Vallée, François Boulay
Image : Pierre Mignot
Production : Cirrus communications
Distribution : Michel Côté (Gervais Beaulieu, le père) ; Danielle Proulx (Laurianne Beaulieu, la mère) ; Marc-André Grondin (Zachary Beaulieu) ; Pierre-Luc Brillant (Raymond Beaulieu, 22 à 28 ans) ; Maxime Tremblay (Christian Beaulieu, 24 à 30 ans) ; Alex Gravel (Antoine Beaulieu, 21 à 27 ans) ; Felix-Antoine Despatie (Yvan Beaulieu) ; Natasha Thompson (Michelle, 15 à 22 ans)

Synopsis du film
Le film raconte l'histoire de Zachary Beaulieu, né le 25 décembre 1960, pendant les années 1960 et 70 à Montréal. Zach grandit avec ses trois frères aînés et son petit frère cadet à Montréal dont les initiales des prénoms forment l'acronyme C.R.A.Z.Y., titre du film, et aussi le titre d'une des chansons préférées du père de Zach chantée par Patsy Cline. Zach a beaucoup d'amour pour ses parents, sa mère, une femme très religieuse et aimante qui lui trouve des qualités de guérisseur et son père très fier de ses cinq garçons dont Zach semble être son préféré. Zach essaie de se définir au sein de sa famille et essaie de trouver sa propre identité mais quand il réalise petit à petit son homosexualité, il se heurte à la vision restreinte de son père à qui il voudrait pourtant tellement plaire. Son père, quant à lui, comprend l'homosexualité de son fils comme un mauvais choix maladif qu'il faudrait guérir. Après une violente dispute lors du mariage de son frère Christian, Zach décide de quitter Montréal et s'envole pour Jérusalem en quête spirituelle, voyage dont sa mère a toujours rêvé. Une fois loin des siens, Zachary réussit à trouver son identité sexuelle. Rentré à Montréal, il retrouve sa famille pour les funérailles de son frère aîné, mort d'une overdose. Il réussit à renouer avec son père même si ce dernier est d'abord réticent. La musique joue un rôle très important dans le film, celle des années 1960 / 70 (Rolling Stones, David Bowie, Pink Floyd etc.) pour Zach, tout comme celle de Patsy Cline et de Charles Aznavour que son père adore.

Le premier jour du reste de ta vie

ab 5. Lernjahr

Fiche technique
France 2008, 117 minutes
Réalisateur et scénario : Rémi Bezançon
Image : Antoine Monod
Production : Mandarin cinéma, Studio canal plus, France 2 cinéma
Distribution : Jacques Gamblin (le père, Robert Duval) ; Zabou Breitman (la mère, Marie-Jeanne Duval) ; Deborah François (la fille cadette, Fleur) ; Marc-André Grondin (le fils, Raphaël) ; Pio Marmaï (le fils ainé, Albert) ; Roger Dumas (le grand-père, Pierre Duval)

Synopsis du film

Le film raconte l'histoire d'une famille depuis la fin des années 1980 jusqu'en 2000 en prenant comme point de départ cinq jours qui ont marqué un membre respectif de la famille, chacun portant un titre. Le film commence par le départ du fils aîné Albert de la maison familiale en banlieue le 24 août 1988, intitulé « Chiens de faïence » pour vivre seul en tant qu'étudiant dans une chambre de bonne dans l'immeuble à Paris où habite aussi son grand-père. Son déménagement déstabilise la famille, surtout sa mère qui regrette beaucoup le départ de son aîné. Pour Fleur, sa sœur cadette, c'est le 13 décembre (« Les liens du sang »), le jour de ses 16 ans, qui est marquant. Personne dans la famille ne se souvient de son anniversaire et elle ne se sent pas prise au sérieux, surtout pas par sa mère, pourtant elle décide qu'il est temps de faire l'amour pour la première fois. Tous les samedis, son deuxième frère, Raphaël, rend visite à son grand-père qui lui enseigne les vins et lui parle un jour, le 22 juin 1996 (« Magic Fingers »), de son amour pour sa femme morte depuis longtemps. Raphaël se souvient alors de son côté d'un premier amour qu'il essaie par la suite de retrouver, mais en vain. Ce retour en arrière l'empêche toutefois de prendre sa vie en main. Marie-Jeanne, la mère des trois, a entre temps commencé à changer sa vie et a repris les études. Le 25 septembre 1998 (« Si la terre tourne, tu tournes avec elle »), elle s'inquiète pour sa fille qui a découché et se pose toutes sortes de questions vis-à-vis de leur relation. Le père, Robert, conducteur de taxi depuis des décennies, consulte un médecin pour ses maux de dos pour apprendre qu'il est atteint d'un cancer incurable le 26 mai 2000 (« Notre père ») et meurt par la suite après avoir compris et formulé que le fait d'avoir vu ses enfants grandir est le plus grand bonheur qu'il a ressentit dans sa vie. Pendant le générique du film, Etienne Daho chante sa chanson *Le premier jour (du reste de ta vie)* qui a donné son titre au film.

Übersicht

Thema	Aktivitäten	Zieltexte / Kompetenzschwerpunkte	Material
Les deux familles			
La famille Beaulieu	Personenbeschreibung Vorlieben begründen Hypothesenbildung über den Charakter Selektives Beobachten Porträt anfertigen	Zieltext: Bildbeschreibung Zieltext: Charakterisierung / Porträt K: Sprechen und Schreiben, HSV	*fdt 5.1a*
La famille Duval	Personenbeschreibung Hypothesenbildung über den Charakter Selektives Beobachten Porträt anfertigen	Zieltext: Bildbeschreibung Zieltext: Charakterisierung / Porträt K: Sprechen und Schreiben, HSV	*fdt 5.1b*
Confrontations	REP zu *confrontations* Bildbeschreibung inkl. film. Einstellung Empathieübung: Innerer Monolog Brief Szenenanalyse	Zieltexte: Diskussion Analyse Innerer Monolog, Brief K: Sprechen, Schreiben, HSV	*fdt 5.2*

Visions et perspectives			
La musique	Grille de discussion zu Einstellungen der Schüler Szenenanalysen Sehen ohne Ton / Hören ohne Bild	Zieltexte: Diskussion Analyse Kommentar K: Sprechen, Schreiben, HSV	fdt 5.3a
La religion	Grille de discussion zu Einstellungen der Schüler Arbeit mit phrases-clés	Zieltext: Für und Wider-Diskussion	fdt 5.3b

Die Arbeit mit den Filmen

Les deux familles

In beiden Filmen spielt die Familienkonstellation eine große Rolle. Die Lernenden wählen auf der Grundlage der Familienfotos eine Figur aus, die sie interessiert. Diese beobachten sie gezielt während der Filmschau, sodass sie anschließend deren Porträt anfertigen können. Insofern begleitet *fdt 5.1a / b* die gesamte Vorführung, die unter Hinzunahme der anderen *fdt* auch im sequenziellen Verfahren in mehreren Etappen vorgenommen werden kann. Eine weitere Möglichkeit ist es, vor allem wenn in kurzer Zeit beide Filme parallel behandelt werden sollen, das Sandwichverfahren einzusetzen, indem nur bestimmte Passagen der Filme geschaut werden und die dazwischen liegenden Szenen nacherzählt werden (vgl. Veneman, Wilts). In jedem Fall ist es wünschenswert, mindestens am Ende der Reihe die Filme in Gänze zu schauen, um den Gesamteindruck des Kunstwerks zu ermöglichen (vgl. Bergala). Dies kann ggf. auch in einem anderen Rahmen, außerhalb der eng getakteten Unterrichtsstunden passieren. Die Porträts, die die Schüler auf diese Weise anfertigen, werden auch in Bezug gesetzt zur Lebensrealität der Lernenden, indem sie sich mit ihnen identifizieren oder von ihnen distanzieren können.

Confrontations

fdt 5.2 stellt die in den Filmen dargestellten Konfrontationen zwischen Eltern und Kindern, die das Erwachsenwerden prägen, in den Mittelpunkt (vgl. hierzu auch Ballin et al.), bevor jedoch den Lernenden der komplette Filminhalt bekannt ist. Dabei wird auch die filmische Vermittlung durch die Kameraeinstellungen der Standbilder *(PJ)* sowie in der Szenenanalyse *(C)* berücksichtigt. Im ersten Bild ist dabei die Konfrontation zwischen Vater und Sohn eine direkte, im Falle der Konfrontation zwischen Mutter und Tochter nimmt der Regisseur diese indirekt durch das Bild der Tochter im Spiegel vor, was die Distanz der beiden Figuren um so mehr unterstreicht. Die Vorgehensweise im Unterricht folgt dem REP-Prinzip (Think-Pair-Share), um eine möglichst hohe mündliche Beteiligung aller Schüler zu ermöglichen. Zur Förderung der schriftlichen Kompetenz üben die Schüler neben der Analyse die Zieltextformate „innerer Monolog" und „Brief".

REP-Prinzip =
Think-Pair-Share

Visions et perspectives: La musique et la religion

Wie schon angemerkt, spielt die Musik in beiden Fällen eine große Rolle. Zunächst werden dazu im Placematverfahren (auf Französisch kann der Begriff *grille de discussion* benutzt werden) die Einstellungen der Schüler eingeholt, bevor es dann an die Filmanalyse geht.

In *C.R.A.Z.Y.* zeigt sich die Gemeinsamkeit zwischen Zach und seinem Vater z.B. in ihrer beider Vorliebe für Musik, auch wenn diese später ganz unterschiedlichen Genres angehört (vgl. z.B. Szene 7'20–8'15). Für Raphaël und seinen Vater aus *PJ* gilt dies noch verstärkt, da sie geschmacklich beieinander liegen und Raphaël bereit ist, von seinem Vater diesbezüglich zu lernen, was die Schüler anhand einer Szenenanalyse erarbeiten. Für Zach aus *C.R.A.Z.Y.* ist die Musik darüber hinaus die Möglichkeit, sich in andere Welten zu flüchten. Dies zeigt der Regisseur z.B. in einer Szene in der Kirche, wo der Gesang des Kirchenchores für Zach zusammenfällt mit dem Chor des Liedes *Sympathy for the Devil* der Rolling Stones, das Zach Visionen haben lässt, die durch den Titel des Liedes als Gegenentwurf gekennzeichnet sind.

Diese geschickte filmtechnische Umsetzung wird den Lernenden durch ein arbeitsteiliges Verfahren sinnfällig gemacht, bei dem die Schüler in Tandems über Kreuz jeweils nur den Ton bzw. das Bild der Szene wahrnehmen und ihre Erkenntnisse austauschen. Die Kirche als Ort dieser Szene gibt bereits an, dass der Film *C.R.A.Z.Y.* sehr stark auch religiöse Fragen und Motive thematisiert, was sicher nicht zuletzt auch die Identität des modernen Québec als ehemals stark katholisch geprägte Gesellschaft spiegelt. Diese Thematik wird zum Anlass genommen, mit den Schülerinnen und Schülern anhand von *phrases-clés* des Films über Zukunftsvisionen und religiöse Vorstellungen zu sprechen, die gerade in diesem Alter für viele Lernende eine große Rolle spielen.

Spätestens zum Ende der Unterrichtssequenz folgt bestenfalls die Filmschau im Blockverfahren, an das sich eine Gesamtwürdigung anschließt z.B. in Form von Filmkritiken, die die Schüler verfassen und sogar ins Internet stellen können.

Filme
- Azuelos, Lisa (2008): *LOL. (Laughing Out Loud)*. Frankreich: Pathé Distribution.
- Bezançon, Rémi (2008) : *Le premier jour du reste de ta vie*. Frankreich: Mandarins Films. http://www.lepremierjour-lefilm.com/
- Vallée, Jean-Marc (2005) : *C.R.A.Z.Y.* Québec: Cirrus communication.

Literatur
- Bergala, Alain (2006*): Kino als Kunst. Filmvermittlung an der Schule und anderswo.* Bonn: Schriftenreihe der Bundeszentrale für politische Bildung.
- Kultusministerkonferenz: *Bildungsstandards für die fortgeführten Fremdsprachen (Englisch / Französisch) für die Allgemeine Hochschulreife.* Beschluss vom 18.10.2012.
- Ballin, Susanne / Blume, Otto-Michael / Lange, Ulrike C. / Voss, Hermann (2013): *Horizons Basisdossier. Les ados.* Stuttgart: Klett 2013.
- Veneman, Cécile (2012): Le film, c'est la classe ! Kompetenzorientierter Französischunterricht mit dem Medium Film. *Der Fremdsprachliche Unterricht* Heft 119, 2–9. Seelze-Velber.
- Wilts, Johannes (2008): „C'est du cinéma!", *Der Fremdsprachliche Unterricht* Heft 91, 2–10. Seelze-Velber.

La famille Beaulieu

1. Avant le visionnage du film

a) *Regardez les photos de la famille québécoise du film C.R.A.Z.Y. (2005) de Jean-Marc Vallée. (Il y manque Gervais, le père, et Laurianne, la mère.)*
Choisissez le personnage du film qui vous plaît le plus d'après sa photo et décrivez-le. Pourquoi l'avez-vous choisi ?

b) *À quel caractère vous attendez-vous chez ce personnage ? Quelle est sa relation aux autres membres de la famille ? Imaginez son portrait.*

Yvan   Christian   Raymond   Zachary   Antoine

= **C**hristian **R**aymond **A**ntoine **Z**achary **Y**van

2. Pendant le visionnage du film

Faites particulièrement attention à votre personnage et prenez des notes afin de pouvoir le caractériser après le visionnage.

3. Après le visionnage

a) *Dites si vous trouvez le personnage sympathique ou non et pourquoi.*

b) *Comparez les Beaulieu à votre propre situation familiale. Reconnaissez-vous des situations typiques et des sentiments que les personnages expriment ? Échangez avec un partenaire.*

La famille Duval

1. Avant le visionnage du film

Regardez les photos de la famille française du film « Le premier jour du reste de ta vie » (2008) de Remi Bezançon. Choisissez le personnage du film qui vous plaît le plus d'après sa photo et décrivez-le.

Pourquoi l'avez-vous choisi ?

À quel caractère vous attendez-vous chez ce personnage ?

Quelle est sa relation avec les autres membres de la famille ?

Imaginez son portrait.

Albert,	Marie-Jeanne,	Robert,	Fleur,	Raphaël
le fils ainé	la mère	le père	la fille cadette	

2. Pendant le visionnage du film

Faites particulièrement attention à votre personnage et prenez des notes afin de pouvoir le caractériser après le visionnage. Dites si vous trouvez le personnage sympathique ou non et pourquoi.

3. Après le visionnage

Comparez les Duval à votre propre situation familiale. Reconnaissez-vous des situations typiques et des sentiments que les personnages expriment ?
Échangez avec un partenaire.

Confrontations

Le premier jour du reste de ta vie

1. *Dans quelles situations familiales vous sentez-vous en confrontation avec vos parents ? Réfléchissez d'abord seul/e et notez les situations qui correspondent, puis échangez et comparez avec un partenaire. Présentez vos résultats en classe afin de dresser une liste commune.*

2. *Lesquelles des situations confrontatives sont les plus difficiles selon vous ? Y a t-il des différences entre les garçons et les filles parmi vous ? Pourquoi (pas) ? Discutez.*

3. *Travaillez à deux, de préférence en tandem fille – garçon. Chacun décrit une des deux photos du film « Le premier jour du reste de ta vie » à son/sa partenaire. Tenez compte aussi du plan choisi par le réalisateur. Que veut-il souligner par son choix ?*

4. *Quelles confrontations vous supposez être à la base des scènes montrées ? Mettez-vous à la place d'un des deux jeunes et rédigez son monologue intérieur pendant la confrontation.*

5. *Regardez maintenant les scènes correspondantes dans le film (37'45–39'12) et résumez-les. Comment le réalisateur développe-t-il la confrontation ? Expliquez.*
   Ces situations vous paraissent-elles familières ? Peut-on se sortir de telles situations ou pas ? Si oui, comment ? Discutez.

C.R.A.Z.Y.

1. *Regardez la scène (1h35'–1h40') entre le père et son fils Zach au mariage du frère aîné, résumez-la. Identifiez le problème que les deux ont.*

2. *Pourquoi les deux personnes souffrent tant ? Imaginez que les deux essaient chacun de décrire leur problème et leurs sentiments à un ami dans une lettre.*

3. *Choisissez un point de vue et rédigez cette lettre.*

Perspectives et visions

La musique

*Quel rôle la musique joue dans votre vie ?
Notez, chacun pour soi, trois aspects.
Puis discutez en groupe de vos aspects
et choisissez-en deux au maximum sur
lesquels vous êtes d'accord dans votre
groupe. Notez-les.*

Raphaël jouant de l'air guitare

Le premier jour du reste de ta vie

1. *Regardez la scène de la partie « Magic Fingers » du film (46'32–53'). Décrivez le rôle que la musique joue pour la relation entre père et fils. Dites aussi par quels moyens le réalisateur souligne son message.*

2. *Comparez avec vos propres résultats et discutez: la musique peut-elle plutôt créer une liaison entre parents et enfants ou plutôt causer de disputes entre eux ?*

C.R.A.Z.Y.

1. *La classe travaille en deux groupes. Le premier groupe tourne le dos à l'image du film et n'écoute que le son. Les élèves du deuxième groupe se bouchent les oreilles avec les écouteurs de leur propre musique et ne regarde que l'image de la scène. (28'36–30'50)*

2. *Par la suite, travaillez à deux : un élève qui a uniquement entendu le son du film raconte ses impressions. Après, le deuxième élève qui n'a vu que l'image raconte ce qu'il a observé. Comparez vos résultats.*

3. *Puis regardez la scène encore une fois avec le son et l'image. Dites en quoi consiste le rôle de la musique dans la vie de Zach en tenant compte aussi du titre de la chanson qui accompagne la scène : « Sympathy for the Devil » des Rolling Stones.*

4. *Expliquez à l'aide d'exemples de votre propre choix en quelle mesure la musique d'une bande originale est un choix important pour le réalisateur.*

© Ernst Klett Sprachen GmbH, Stuttgart 2013 |www.klett-sprachen.de | Alle Rechte vorbehalten.
Kopieren für den eigenen Unterrichtsgebrauch gestattet.
ISBN 978-3-12-920303-3

Perspectives et visions

La religion

1. *La mère de Zachary est très croyante et croit que le petit Zachary a des dons. Elle va voir la voisine madame Chose qui est prise pour une voyante pour lui présenter son fils.*
Selon vous, pourquoi les gens croient-ils parfois qu'il y a des forces surnaturelles, comme par exemple un don de voyance ? Qu'en pensez-vous ? Échangez avec un partenaire.

2. *Zach cherche à définir son identité. Un jour, la voisine madame Chose qui est prise pour une voyante lui raconte l'histoire suivante.*
Lisez d'abord les phrases-clés puis regardez la scène (1h 01'25 – 1h 03'07).

> Une belle histoire :
> Un homme rêvait qu'il marchait avec le Christ au bord de la mer pendant qu'il regardait des scènes de sa vie (…) À un moment donné, il s'est retourné, puis il a remarqué (…) qu'il y avait des traces de peau dans le sable : les siennes puis celle du Christ. Sauf des pires moments de sa vie, il y avait juste une trace de peau.
> Il a demandé à Jésus :
> « Tu m'avais dit que tu ferais tout le chemin avec moi, pourquoi est-ce que tu m'as abandonné quand j'avais le plus besoin de toi ? »
> Jésus a répondu :
> « S'il y avait juste une trace de pieds dans le sable les moments les plus durs de ta vie, c'est que je te portais. »

a) *Comment comprenez-vous cette histoire? Échangez avec votre partenaire et expliquez-en le message.*

b) *Trouvez-vous que cette histoire peut aider une jeune personne à trouver son identité ? Pesez le pour et le contre.*

La Rafle (Die Kinder von Paris)

Martina Angele

Der Film *La Rafle*, der in den deutschen Kinos unter dem Titel *Die Kinder von Paris* lief, eignet sich im Rahmen einer Unterrichtsreihe zu den deutsch-französischen Beziehungen, die sich mit der Zeit der deutschen Besatzung in Frankreich auseinandersetzt. Themen wie *Occupation, Collaboration / Résistance* und *Déportation* spielen in zahlreichen Lehrplänen eine Rolle. Dieser schwierige Abschnitt der Beziehungen zu unserem Nachbarn wird anschaulich dargestellt. Hierzu trägt das schauspielerische Talent von Stars wie Jean Reno entscheidend bei.

Beide Filme, *La rafle* wie auch *Elle s'appelait Sarah*, zeigen das Schicksal von Juden im von Deutschland besetzten Frankreich im Zweiten Weltkrieg. Der Französischunterricht kann dabei einen Beitrag zur Vermittlung des zeitgenössischen Hintergrunds leisten und durch Aufgabenstellungen auf verschiedenen Ebenen (Hörsehverstehen schulen, Empathievermögen aufbauen, landeskundliches Wissen vermitteln etc.) für Sprechanlässe und interessante Diskussionen sorgen.

Überblick ab 4. Lernjahr
Informationen zum Film
Genre: Drama
Filmlänge: 125 Minuten
Regisseurin: Roselyne Bosch
Drehbuch: Roselyne Bosch
Produktion / Kamera: David Ungaro
Hauptdarsteller: Jean Reno, Mélanie Laurent, Gad Elmaleh, Raphaëlle Agogué, Hugo Leverdez, Oliver Cywie, Mathieu Di Concerto…
Kinostart: 10. März 2010

Synopse des Films

Die Kinder von Paris ist der Titel eines 2010 produzierten französisch-deutsch-ungarischen Historienfilms. Das Drehbuch basiert auf einer wahren Begebenheit und rekonstruiert die Ereignisse rund um die *Rafle du Vélodrome* genannte Razzia und Judendeportation vom Sommer 1942 in Paris. Im Mittelpunkt steht die historische Persönlichkeit Joseph Weismann (*1931).
Der 11-jährige Jo Weismann lebt mit seinen Eltern und seiner älteren Schwester Rachel im besetzten Paris. Alle jüdischen Kinder müssen den Davidstern tragen und auf Anordnung des Regimes dürfen die Freunde den Park zum Spielen nicht mehr betreten. Das NS-Regime beschließt, im Rahmen einer morgendlichen Razzia sämtliche Juden aus Paris zu deportieren, um die *Endlösung der Judenfrage* zu forcieren. Um nicht in Konflikt mit dem Vichy-Regime im Süden Frankreichs zu geraten, sollen zunächst nur staatenlose Juden aus Polen oder dem ehemaligen Österreich den Deportationen zum Opfer fallen. Zu diesen Juden zählt auch die aus Polen stammende Familie Weismann.

Am 17. Juli 1942 werden 13000 Juden von den französischen Polizeieinheiten zusammengetrieben. Jo muss mit ansehen, wie sein gleichaltriger Freund Simon Ziegler mit seiner Mutter von der Gruppe seiner Familie getrennt wird. Ledige Mütter mit ihren Kindern sollen auf Anweisung des NS-Regimes sofort in die Vernichtungslager im Osten deportiert werden. Auch jüdische Weltkriegsveteranen werden bei der Razzia nicht verschont. Dennoch gelingt es immer wieder französischen Christen, jüdische Kinder als ihre eigenen auszugeben und auf diese Weise zumindest einige Kinder vor der Deportation zu bewahren. 7000 Menschen werden mit Straßenbahnen zum *Vélodrome d'Hiver* gebracht. Hier werden sie fünf Tage bei katastrophalen hygienischen Zuständen zusammengepfercht. Lebensmittel und Wasser werden knapp. Hier bemühen sich der jüdische Arzt Dr. David Sheinbaum sowie die protestantische Krankenschwester Annette Monod, den Menschen unter hohem persönlichen Einsatz zu helfen. Es gibt auch Franzosen, die inmitten all des Leids Menschen helfen. Feuerwehrleute ermöglichen den Menschen den Zugang zu Wasser, ein Hausmeister gibt eine Jüdin als seine Frau aus und ermöglicht ihr die Flucht aus dem Velodrom.

Fünf Tage später werden die Juden mit Viehtransportern in das Konzentrationslager bei Beaune-la-Rolande deportiert. Annette begleitet die Kinder freiwillig dorthin, kümmert sich um sie und erklärt ihnen, weshalb sie das Lager nicht verlassen dürfen oder ihren Mut nicht verlieren sollen, eines Tages erwachsen zu werden. Es folgt der nächste Schicksalsschlag: Das Regime hat befohlen, die in Frankreich noch verbliebenen Juden nach Auschwitz zu deportieren. Da nicht genügend Züge vorhanden sind, werden die Eltern gnadenlos von ihren Kindern getrennt und als Erste abtransportiert. Jo muss, bevor er seiner Mutter aus den Armen gerissen wird, dieser versprechen, zu überleben. Wenige Tage später sollen auch die Kinder ihren Eltern in die Vernichtungslager folgen. Jo hat vor, das Versprechen seiner Mutter einzulösen, und tatsächlich gelingt ihm zusammen mit einem anderen Jungen die Flucht aus dem Lager. Entsetzt muss er am nächsten Tag neben einem Bahndamm jenen Zug sehen, in dem die Kinder aus dem Lager deportiert werden. Paris, 1945. Der Krieg ist zu Ende. Krankenschwester Monod kümmert sich nach wie vor um heimatlose Kinder. In einem Sammelpunkt für Heimkehrer und Überlebende der Lager sieht sie eines Tages Jo. Er hat überlebt und wurde von einem Bauernehepaar adoptiert.

Thema / Themen

Kindheit / Kinder, Geschichte, Holocaust, Judenverfolgung, Faschismus.
Der Film eignet sich für fächerübergreifende Projekte in den Unterrichtsfächern Französisch, Ethik, Religion, Geschichte.

Unterrichtsvorschläge: *fiches de travails (fdt)*

Die *fdt* gliedern sich in die Phasen *activités avant / pendant / après le visionnage*.
Bei der Erarbeitung des Films stehen unterschiedliche Kompetenzen im Vordergrund und integrieren bekannte und bewährte fachdidaktische Zugänge wie Schülerorientierung, kreativ-produktive Verfahren und Methoden. Das Angebot der vorgeschlagenen Arbeitsformen fördert sowohl das kooperative und soziale als auch das selbstständige Lernen.

fdt 6.1 : Activités avant le visionnage[1]

Material Tafel, Kopien, OHP-Folie *fdt 6.1*	Kompetenz Umgang mit dem Internet Präsentationstechniken Lesen / Sprechen	Zeitbedarf optional 1h
	Ablauf	**Sozialform / Methode**
	L und S bearbeiten im Plenum *fdt 6.1* als Hinführung zum Film. Ergebnissicherungen erfolgen ebenfalls im Plenum mittels Tafelanschrieb oder OHP-Folie.	EA, GA, UG

Solutions

Individuelle Schülerleistungen, Vokabel-Hilfestellungen durch L: *un képi, un fusil, être apeuré/e, une étoile jaune, une peluche, les pavés de la rue, la croix gammée.*

fdt 6.2 : Activités avant / pendant le visionnage

Material Tafel, Kopien, OHP-Folie *fdt 6.2*	Kompetenz Lesen / Sprechen kreatives Schreiben Textverständnis	Zeitbedarf optional 1–2h
	Ablauf	**Sozialform / Methode**
	Die AA zu den zeitgenössischen Dokumenten können variabel als GA, HA oder Präsentationen eingesetzt und bearbeitet werden.	EA, GA, UG

Solutions

2. *La femme inconnue est mère de deux filles et d'un garçon.*
   Elle est en train de voyager vers un but inconnu.
   Le voyage est effroyable et inhumain.
   Le voyage sera long parce qu'il se dirigera vers l'Allemagne ou la Pologne.
3. *Elle éprouve beaucoup de peine parce qu'elle est séparée de ses enfants, elle a peur parce qu'elle ne sait pas combien de temps le voyage va durer, elle se dégoûte dans le wagon parce qu'on transporte les êtres humains dans un wagon à bestiaux, elle est fragile, se soucie énormément de ses enfants, elle a peur, elle a été traitée brutalement et comme un animal, elle est fatiguée et seule...*
4. Individuelle Schülerleistungen

---

1 Für die Flexibilität der Unterrichtsgestaltung wählt die Lehrperson selbstständig aus, welche der Aufgaben ggf. als Hausaufgabe dienen sollen.

fdt 6.3 : Activités pendant le visionnage

Material Tafel, Kopien, OHP-Folie fdt 6.3	Kompetenz Internetrecherche Hör- / Sehverstehen Sprechen / Präsentationstechniken Schreiben / Bildbeschreibung	Zeitbedarf optional 1–2h
	Ablauf	**Sozialform / Methode**
	Die AA zu den Personencharakterisierungen kann vorzugsweise in GA erfolgen. Jede Gruppe erhält eine Person zur Bearbeitung. Die Ergebnisse können dann auf Folie präsentiert werden. Schön sind auch Wandplakate für das Klassenzimmer.	EA, GA, UG

Solutions

Joseph	Joseph Weismann, il a 11 ans, il est bon élève à l'école, son meilleur copain s'appelle Simon, il s'enfuit du camp de concentration, il est adopté par une famille à la fin du film
Noé	C'est le petit frère de Simon, le meilleur copain de Jo, très jeune, naïf, enfantin.
Schmuel Weismann	Le père de Jo, optimiste, il croit être en sécurité en France, il veut toujours protéger sa famille, mais il est impuissant, il est déporté vers Auschwitz où il meurt.
Sura Weismann	La mère de Jo, elle a trois enfants, respectueuse, courageuse, croyante, elle parle yiddish.
David Sheinbaum	Il est médecin au Vel' d'Hiv, il soigne les déportés dans le camp, il est incapable de soigner tous les malades.
Annette Monod	C'est une infirmière du Vel' d'Hiv, jeune, courageuse, s'occupe des enfants.

fdt 6.4 : Activités pendant le visionnage

Material Tafel, Kopien, OHP-Folie fdt 6.4	Kompetenz Sprechen / Bildbeschreibung Schreiben / kreativer Schreibauftrag Präsentieren	Zeitbedarf optional 1–2h
	Ablauf	**Sozialform / Methode**
	Die Beschreibung der Atmosphäre auf dem Foto kann in GA oder EA erfolgen und im Plenum besprochen oder von der Lehrperson eingesammelt werden. Es können noch andere ähnliche Situationen im Plenum besprochen werden. Die kreative Schreibaufgabe kann als GA, einzeln oder als HA bearbeitet werden. Die Ergebnissicherung und Besprechung erfolgt im Plenum oder durch die L. Zur Bearbeitung der Kameraführung beziehen sich L und S auf die *fdt 1.1* aus Artikel 1.	EA, GA, UG

Solutions

Individuelle Schülerleistungen, gesteuert durch methodische Hilfen und L.

fdt 6.5 : Activités pendant / après le visionnage

Material Tafel, Kopien, OHP-Folie fdt 6.5	Kompetenz Schreiben / Bildbeschreibung Sprechen / Präsentationstechniken	Zeitbedarf optional 1–2h
	Ablauf	**Sozialform / Methode**
	Die Beschreibung der Fotos kann in GA oder in EA erfolgen und im Plenum besprochen werden oder auch von der Lehrperson eingesammelt werden. Es können auch andere von der Lehrperson ausgewählte Fotos im Plenum besprochen werden.	EA, GA, UG

Solutions

Individuelle Schülerleistungen, gesteuert durch methodische Hilfen.

fdt 6.6 : Activités pendant / aprés le visionnage

Material Tafel, Kopien, OHP-Folie fdt 6.6	Kompetenz Hörverstehen / Sehverstehen Schreiben Sprechen / Präsentationstechniken	Zeitbedarf optional 1–2h
	Ablauf	**Sozialform / Methode**
	Die KV kann in GA bearbeitet und im Plenum präsentiert werden.	EA, GA, UG

Solutions

Individuelle Schülerleistungen, gesteuert durch methodische Hilfen.

fdt 6.7 : Activités après le visionnage

Material Tafel, Kopien, OHP-Folie fdt 6.7	Kompetenz Hörverstehen / Sehverstehen Textverständnis Sprechen / Präsentationstechniken ggf. Internetrecherche	Zeitbedarf optional 1h
	Ablauf	**Sozialform / Methode**
	Auf spielerische und motivierende Weise sollen die SuS Hintergrundwissen zum Film und zum Leben der Juden im Jahre 1942 in Paris erarbeiten und können dazu ggf. das Internet als Hilfestellung benutzen. Die Ergebnissicherung erfolgt mittels Folie im Plenum.	EA, GA, UG

Solutions

Tous les Juifs portant des étoiles jaunes...	U 10	... une chaleur étouffante.	V 18
...toute la vie des Juifs.	D 9	... sont déportés au Vel d'Hiv parce que...	V 11
En plus les familles doivent supporter...	I 17	... dans le Marais, le XVème arrondissement à Paris.	A 3
La Rafle	✱ 1	Il n'y a pas assez d'eau ou de nourriture et...	' 15
... comme l'industrie du vêtement, du cuir et du meuble.	L 7	1942 – Joseph a 12 ans et vit comme beaucoup de Juifs...	L 2
Dans ce camp, les conditions de...	L 13	... Paris est occupé par les Allemands.	E 12

... les sanitaires ne fonctionnent pas.	H 16	Le matin du 16 juillet 1942 bouscule...	E 8
Paris compte à peu près 300 000 Juifs à cette époque là.	R 4	La plupart des Juifs mène une vie pauvre et...	A 5
travaille dans des petites industries...	F 6	...détention sont effroyables.	D 14

1	2	3	4	5	6	7	8	9	10	11	12	13	14	15	16	17	18
✳	L	A	R	A	F	L	E	D	U	V	E	L	D	'	H	I	V

fdt 6.8 : Activités après le visionnage

Material Tafel, Kopien, OHP-Folie fdt 6.8	Kompetenz Lesen / Schreiben Präsentationstechniken	Zeitbedarf optional 1–2h
	Ablauf	**Sozialform / Methode**
	Die S schreiben in EA einen Beitrag für ein Internetforum und bekunden ihre Meinung zum Film.	EA, GA, UG

Solutions

Individuelle Schülerleistungen, gesteuert durch methodische Hilfen.

fdt 6.9 : Activités après le visionnage

Material Tafel, Kopien, OHP-Folie fdt 6.9	Kompetenz Hörverstehen / Sehverstehen Lesen Sprechen / Diskutieren	Zeitbedarf optional 1h
	Ablauf	**Sozialform / Methode**
	Als Abschluss des Films soll in einem Quiz Wesentliches festgehalten und besprochen werden. Die Ergebnissicherung erfolgt mit Folie im Plenum.	EA, GA, UG

Solutions

1. une arrestation en masse faite à l'improviste par la police.
2. fait des cigarettes pour son père.
3. de tous les établissements publics.
4. ils pensent que c'est une rumeur.
5. de témoins de la rafle.
6. ils distribuent de l'eau aux familles assoiffées.
7. opération « Vent printanier ».
8. il n'y a pas suffisamment de place dans les wagons.
9. de s'enfuir du camp.

Filmografie

– Bosch, Rose (Regisseurin). (2010). *La Rafle*. France: Gaument et Légende.

Introduction au film

L'affiche du film

1. *Décrivez l'affiche du film au premier plan : les personnages avec leurs vêtements, attitudes, apparences physiques.... Que font-ils ? Qui sont-ils ?*

2. *Décrivez l'arrière-plan : De quel monument s'agit-il ? Où se trouve ce monument ? Que voit-on dans la rue ? De quelle croix s'agit-il sur l'affiche ?*
    Que symbolise-t-elle ?

3. *Parlez des couleurs et de l'ambiance qui se dégage de cette affiche.*

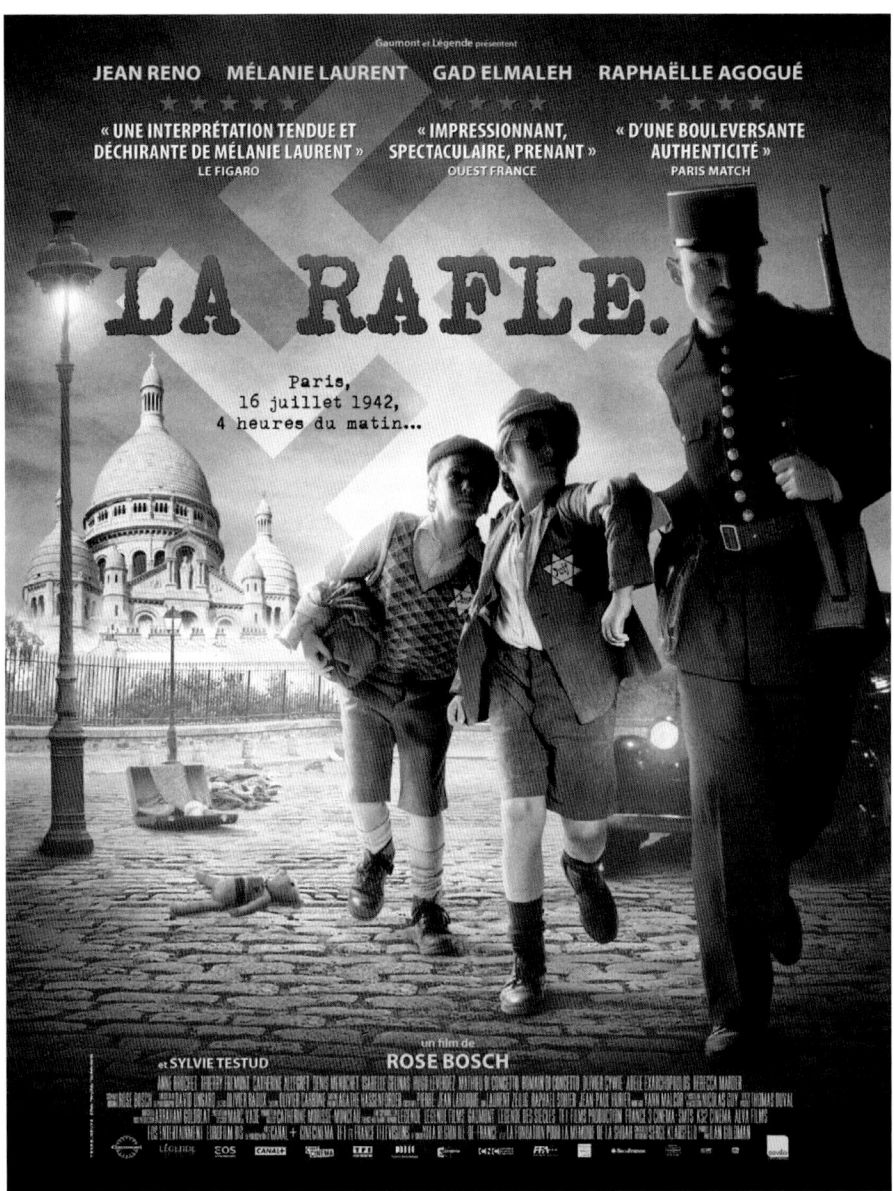

4. *Regardez le bande-annonce sur Internet et dites si vous avez envie d'aller voir le film.*

5. *Le titre du film est « La Rafle ». Cherchez une définition du mot « rafle » dans un dictionnaire unilingue français et expliquez si l'affiche du film illustre bien le mot et sa définition.*

Lettre d'une mère déportée

1. *Voici la lettre d'une mère, écrite dans un train de déportation qui part de Beaune-la-Rolande le 5 août 1942, jetée d'un wagon, postée par un inconnu / une inconnue et parvenue à deux autres de ses enfants restés à Paris. Lisez-la.*

> Chères Sara et Suzanne,
> Je me trouve en ce moment dans un wagon à bestiaux et nous roulons vers un but inconnu.
> Votre petite sœur est restée à Beaune (-la-Rolande) et vous pouvez vous douter de ma peine
> d'être séparée à présent de mes trois enfants. Nous avons été traités avec une brutalité telle
> 5 qu'on ne l'emploie pas chez les animaux. Les conditions dans notre wagon sont effroyables
> et probablement le voyage sera long et se dirigera vers l'Allemagne ou la Pologne. Maintenant,
> mes enfants, il faudrait vous occuper de Raymonde. Comme Française, elle a grande chance
> de sortir. Faites tout votre possible pour lui éviter le camp…
> Je vous embrasse de tout cœur,
> 10 Votre maman

Eric Conan, Sans oublier les enfants © Éditions Grasset & Fasquelle, 1991

2 **un wagon à bestiaux** Viehwagen

2. *Cochez la bonne réponse.*

La femme inconnue est …
☐ mère de deux filles.
☐ mère de deux filles et d'un garçon.

Elle est en train de voyager vers …
☐ un but inconnu.
☐ un but où on rassemble tous les Juifs.

Le voyage est …
☐ pas confortable mais humain.
☐ effroyable et inhumain.

Le voyage sera long parce qu'il se …
☐ dirigera vers l'Allemagne.
☐ dirigera vers l'Allemagne ou la Pologne.

3. *Décrivez les sentiments de la mère et les conditions dans le train de déportation.*

4. *Choisissez un des sujets suivants.*
   a) *Écrivez une lettre de Raymonde à sa mère.*
   b) *Écrivez une lettre des deux filles à leur mère.*

Les personnages du film

1. *Faites le portrait de Joseph et de Noé. Commencez par le portrait physique, puis parlez de son caractère. Prenez les indications fournies par le film, puis complétez ces informations avec vos impressions personelles.*

Joseph

Noé

Le physique / l'aspect extérieur d'une personne

le visage (la forme, le teint, les yeux, le nez…)
les cheveux (couleur, longueur, type de coiffure)
les signes particuliers (lunettes, cicatrices…)
la taille, la corpulence
les vêtements et autres accessoires
l'impression d'ensemble

La personnalité / le caractère

avoir…
peu de / une forte personnalité
bon / mauvais caractère
peu de / beaucoup de tempérament
de bonnes / de mauvaises manières
être…
naturel, spontané, affecté, calculateur, ouvert, franc,
hypocrite, sournois, gai, insouciant, triste,
mélancolique, anxieux, aimable, chaleureux, généreux,
froid, distant, égoïste, équilibré, sérieux, discipliné,
impulsif, changeant, discret, réservé, timide, sociable,
désinvolte, extraverti, énergique, autoritaire,
apathique, faible, mou

2. *De la même manière, faites le portrait des personnages suivants :*

Schmuel Weismann

Sura Weismann, la mère de Jo

David Sheinbaum

Annette Monod

Klett

Pendant

Au Vélodrome d'Hiver

1. *Décrivez la photo. Cochez les adjectifs décrivant au mieux l'atmosphère régnant au Vélodrome d'Hiver.*

Une atmosphère...

assez / franchement...

- ☐ (dé)tendue ☐ monotone ☐ triste
- ☐ vive ☐ simple ☐ confortable
- ☐ ennuyeuse ☐ vivante ☐ morne
- ☐ sale ☐ troublante ☐ menaçante
- ☐ terrifiante ☐ hostile ☐ angoissante
- ☐ pesante ☐ mystérieuse ☐ oppressante
- ☐ lugubre ☐ sinistre ☐ sombre

de / d'...

- ☐ menace *(f)* ☐ terreur *(f)*
- ☐ agressivité *(f)* ☐ tristesse *(f)*
- ☐ (in)sécurité *(f)* ☐ violence *(f)*
- ☐ grisaille *(f)* ☐ anxiété *(f)*
- ...

2. *Tu es un des enfants au Vel' d'Hiv. Écris une lettre à un copain / à une copine dans laquelle tu lui racontes comment est cet endroit et son atmosphère. Utilise le vocabulaire indiqué ci-dessus.*

Vel' d'Hiv, le _____

Cher / Chère _____

_____

_____

_____

_____

Ton / Ta _____

3. *Regardez la scène plusieurs fois et pendant le visionnage, faites particulièrement attention aux mouvements de caméra. Quel en est l'effet ?*

Pour décrire une photo

Choisissez une des deux photos et décrivez-la selon les instructions.
Présentez vos résultats devant la classe.

La photo / Le dessin / Le tableau / L'image… représente / montre / met en scène / illustre…	Au premier plan / Au second plan / À l'arrière plan… Au centre / Au milieu / En haut / En bas… À gauche / À droite / Devant / Derrière / À côté de / Près de… se trouve / se dresse / il y a / on voit / aperçoit / reconnaît / distingue / découvre…
Ce que je trouve / Ce qui est intéressant / étonnant / curieux / bizarre… c'est (que)…	Ce qui (me) paraît évident / frappe / surprend / choque… c'est (que)…

En regardant cette photo… on a l'impression que…
Face à la scène représentée… j'imagine que…
Il se dégage de ce tableau une atmosphère de… / assez…
Tout ce qu'on voit sur cette illustration porte à croire que…

© Ernst Klett Sprachen GmbH, Stuttgart 2013 |www.klett-sprachen.de | Alle Rechte vorbehalten.
Kopieren für den eigenen Unterrichtsgebrauch gestattet.
ISBN 978-3-12-920303-3

Comment analyser le langage d'un film

Regardez la scène du dernier chapitre du film et remplissez la grille de visionnage.

Narration :

a) action (lieu, temps, intrigue)
b) personnages (apparence, gestes, communication)

Outils filmiques :

c) caméra (plan, mouvements, positions, perspectives)
d) symboles visuels
e) musique / son

Reconstruction de l'histoire du film

Avez-vous bien suivi le film ? Faites le quiz selon les instructions.

Travaillez à deux. Coupez les cartes et posez-les avec l'écriture en haut dans l'ordre chronologique sur la table. La carte avec l'étoile (✳) est la première carte. Écrivez les lettres en majuscule dans l'ordre dans la grille ci-dessous pour trouver un mot. **Attention** : *Un accent compte comme une lettre !*

Tous les Juifs portant des étoiles jaunes…	U	… une chaleur étouffante.	V
… toute la vie des Juifs.	D	… sont déportés au Vel' d'Hiv parce que…	V
En plus les familles doivent supporter…	I	… dans le Marais, le XVème arrondissement à Paris.	A
La Rafle	✳	Il n'y a pas assez d'eau ou de nourriture et…	'
… comme l'industrie du vêtement, du cuir et du meuble.	L	1942 – Joseph a 12 ans et vit comme beaucoup de Juifs…	L
Dans ce camp, les conditions de…	L	… Paris est occupé par les Allemands.	E
… les sanitaires ne fonctionnent pas.	H	Le matin du 16 juillet 1942 bouscule…	E
Paris compte à peu près 300 000 Juifs à cette époque là.	R	La plupart des Juifs mène une vie pauvre et…	A
… travaille dans des petites industries…	F	…détention sont effroyables.	D

solution :

1	2	3	4	5	6	7	8	9	10	11	12	13	14	15	16	17	18
✳																	

Klett

Forum « La rafle »

Lisez ces articles qui parlent du film. Répondez aux articles et écrivez votre commentaire.

C'est un film très beau et surprenant. Le film est très touchant et fidèle à la réalité qui est quelquefois très difficile à accepter.

Julia, 17 ans

Un film bouleversant et extraordinaire qui montre l'horreur de l'implication de la France qui poursuivait un seul but : l'extermination des Juifs pour plus de pouvoir. Ce film doit être vu par les enfants, pour rendre hommage à ces enfants disparus, pour montrer le tréfonds de l'homme assoiffé de pouvoir, pour rendre hommage à tous ceux qui ont aidé à sauver les Juifs, ces justes guidés par l'amour du prochain, le don de soi…

Mme Logiou, Paris

Quiz sur le film : des questions

Cochez la bonne réponse.

1. Le mot « la rafle » signifie...
☐ une arrestation clandestine faite par la police.
☐ une arrestation en masse faite à l'improviste par la police.

2. Jo ramasse des mégots de cigarettes parce qu'il...
☐ fait des cigarettes pour son père.
☐ les revend au marché noir.

3. En 1940, les Juifs sont exclus...
☐ des parcs et des jardins.
☐ de tous les établissements publics.

4. Les parents de Joseph ne sont pas inquiets lorsqu'ils apprennent qu'une rafle va se produire dans la nuit parce que/ qu'...
☐ le père est un ancien combattant respecté par l'état français.
☐ ils pensent que c'est une rumeur.

5. David, le docteur en chef du Vel' d'Hiv a 60 collègues prêts à venir l'aider mais les autorités ne veulent pas...
☐ de témoins de la rafle.
☐ soigner les Juifs qui sont malades ou blessés.

6. Les pompiers sont accueillis en héros au Vel' d'Hiv parce qu'...
☐ ils transportent les blessés dans les hôpitaux.
☐ ils distribuent de l'eau aux familles assoiffées.

7. La rafle du Vel' d'Hiv est aussi appelée...
☐ opération « Vent printanier ».
☐ opération clandestine.

8. Les enfants ne sont pas déportés en même temps que leurs parents car...
☐ des familles françaises vont venir les rencontrer afin de les adopter.
☐ il n'y a pas suffisamment de place dans les wagons.

9. Au moment de lui dire au revoir, Joseph promet à sa mère...
☐ de ne pas pleurer.
☐ de s'enfuir du camp.

Elle s'appelait Sarah

Martina Angele

Der Film *Elle s'appelait Sarah*, der in den deutschen Kinos unter dem Titel *Sarahs Schlüssel* lief, lässt sich dem Themenbereich *Occupation et Résistance* zuordnen.

Er spielt auf zwei Zeitebenen (Judenverfolgung in Frankreich 1942, Zeit ab 2009) und zeigt das Schicksal der Jüdin Sarah. Auch der Vergleich des Films mit der Romanvorlage von Tatiana de Rosnay ermöglicht spannende Unterrichtsgespräche.

Überblick ab 4. Lernjahr
Informationen zum Film
Genre: Drama
Dauer: 104 Minuten
Regisseur: Gilles Paquet-Brenner
Drehbuch: Serge Joncour, Gilles Paquet-Brenner, nach dem gleichnamigen Roman von Tatiana de Rosnay
Produktion: Frankreich 2010
Hauptdarsteller: Kristin Scott Thomas, Mélusine Mayance, Niels Arestrup, Frédéric Pierrot, Michel Duchaussoy, u. a.
Kinostart: 13. Oktober 2010 (Frankreich)

Synopse des Films

Das Drehbuch zu dem französischen Film *Elle s'appelait Sarah* aus dem Jahre 2010 basiert auf dem englischsprachigen Roman *Sarah's Key* der Schriftstellerin, Journalistin und Drehbuchautorin Tatiana de Rosnay, der 2006 publiziert wurde. Der Film folgt der Struktur der Romanvorlage und zeigt dramatische Ereignisse der Vergangenheit ab 1942 im ständigen Wechsel mit einer erzählten Gegenwart aus der Zeit ab 2009. Zwei zeitlich voneinander abgegrenzte Handlungsstränge werden durch fortwährende Retrospektiven gezeigt. Die Haupthandlung liegt auf der Aufklärung des Schicksals der Jüdin Sarah Starzynski und dem persönlichen Schicksal der Protagonistin Julia.
Den historischen Hintergrund der fiktiven Handlung bildet die Festnahme von ca. 13000 Juden, darunter über 4000 Kindern, in Paris am 16. und 17. Juli 1942 durch deutsche Besatzungssoldaten und französische Polizisten.
Im Film werden die unmenschlichen Bedingungen gezeigt, unter denen die Verhafteten im *Vélodrome d'Hiver*, bei extremer Hitze und grauenhaften hygienischen Verhältnissen weitgehend ohne Nahrung und Flüssigkeit festgehalten wurden, bevor man sie über Zwischenlager in Drancy, Beaune-la-Rolande und Pithiviers in das Vernichtungslager Auschwitz deportierte. Die Szenen zeigen u. a. die gewaltsame Trennung der Familien von den Ehemännern und Vätern sowie schließlich diejenige der Mütter von ihren Kindern.
Ausgehend von der *Grande rafle du Vel d'Hiv* erzählt *Elle s'appelait Sarah* das fiktive Schicksal der 10-jährigen Sarah, die gemeinsam mit ihrer Familie in einer Etagenwohnung in dem Pariser Handwerker- und Arbeiterviertel *Marais* lebt, als sich zwei französische Beamte am Morgen des 16. Juli 1942 gewaltsam Zutritt verschaffen. Die Ausweglosigkeit der Situation veranlasst Sarah, ihren kleinen

Bruder Michel in einem Wandschrank einzuschließen, bevor sie mit ihren Eltern abtransportiert wird. Die Familie muss in den darauf folgenden Tagen einen Zwangsaufenthalt in der Sportarena und in Internierungslagern verbringen. Sahras Gedanken kreisen permanent um ihren Bruder und um eine Möglichkeit der Befreiung durch den von ihr verwahrten Schlüssel. Sarah wird brutal von ihren Eltern getrennt.

Mit einem weiteren Mädchen, Rachel, gelingt ihr mit Unterstützung eines Lageraufsehers, Jacques, gemeinsam die Flucht. Mit Rachel findet Sarah in einem Dorf Unterschlupf bei dem Landwirt Jules Dufaure und dessen Ehefrau Geneviève. Rachel stirbt innerhalb kurzer Zeit an Diphtherie. Das Ehepaar begleitet die als Junge verkleidete Sarah nach Paris, wo man unter Entsetzen der Familie Tézac – den neuen Bewohnern des Appartements in der Rue de Saintonge – den Leichnam von Sarahs Bruder Michel im Wandschrank entdeckt.

Sarah wächst bei dem Ehepaar Dufaure auf, das sie bis zur Befreiung im Jahre 1944 vor den deutschen und den französischen Kollaborateuren versteckt hält. Im Mai 1953 verlässt sie ihre Pflegeeltern, die von ihr im Jahre 1955 ein letztes Lebenszeichen in Form einer Hochzeitsannonce aus Brooklyn erhalten. Sarah heiratet Richard Rainsferd, mit dem sie 1957 einen Sohn namens William hat. Im Jahre 1966 nimmt sie sich, von Schuldgefühlen wegen des Todes ihres Bruders geplagt, das Leben. Sie rast mit ihrem Wagen in einen Lkw. Ihr Mann heiratet 1968 in zweiter Ehe eine Italienerin, mit der er eine Tochter hat.

In der erzählten Gegenwart stellt der Film die Nachforschungen der Journalistin Julia nach dem Verbleib Sarahs dar. Julia, aus New York stammend, wird von zwei persönlichen Ereignissen über das Schicksal der jüdischen Bewohner von Paris während der deutschen Besatzung geleitet: Zum einen von einer Nachrichtenmeldung, die von den erfolgreichen Regressforderungen einer Deportierten berichtet und damit in der Zeitschriftenredaktion eine Diskussion darüber auslöst, ob und in welchem Umgang erneut eine Reportage über die Massenverhaftung, Internierung und Deportation von Juden in der französischen Hauptstadt veröffentlicht werden sollte. Julia hatte im Jahr 2002 anlässlich des 60. Jahrestages der *Grande rafle du Vel d'Hiv* für einen diesbezüglichen Artikel im Time Magazine bereits davon berichtet. Nun, im Jahre 2009, möchte sie ausführlicher auch über die aktive und umfassende Beteilung französischer Behörden an dem Verbrechen berichten.

Zum anderen will Julia mit ihrem Ehemann, dem Architekten Bertrand Tézac, und ihrer Tochter Zoë die Wohnung der Mutter ihres Schwiegervaters Édouard Tézac beziehen. Durch die Zeitangaben der alten, in einem Pflegeheim lebenden Frau aufmerksam geworden, ermittelt Julia, dass es sich um jene Etagenwohnung in der Rue de Saintonge handelt, in der das Ehepaar Starzynski bis zum 16. Juli 1942 lebte und in der Sarah ihren Bruder im Wandschrank eingeschlossen hatte. Beide Ereignisse laufen zeitgleich ab. Das zunächst rein berufliche Bemühen der Journalistin Julia verwandelt sich in ein persönliches Interesse. Einerseits existiert die Erinnerung an die Opfer rassistischer Verfolgung und deren unvorstellbares Leid; andererseits wird ihr klar, dass die Familie ihres Mannes von der Deportation profitiert hat. Bei der Aufklärung der Ereignisse stößt Julia immer wieder auf Verdrängung und Tabuisierung der Zeitzeugen. So war es ihrem Schwiegervater vom eigenen Vater André verboten worden, nach dem Schock über den Fund der Kinderleiche in den eigenen vier Wänden nach dem Verbleib von Sarah zu fragen. Trotzdem hatte der Vater, wie Julia später erfährt, die Eheleute Dufaure beim

Unterhalt ihrer Pflegetochter Sarah finanziell unterstützt. Auch Richard Rainsferd, Sarahs Ehemann, verschweigt dem gemeinsamen Sohn gegenüber die Wahrheit und lässt William über die Umstände von Sarahs Leben und Tod in Unkenntnis. William selbst reagiert aggressiv und abwehrend, als Julia ihn an seinem Wohnort Florenz mit der jüdischen Herkunft und dem Schicksal seiner Mutter konfrontiert. Erst als sein sterbender Vater die Hinweise der Journalistin bestätigt und ihm einen Koffer mit dem persönlichen Nachlass Sarahs gibt, ist der Sohn bereit, die Wirklichkeit anzuerkennen. Mit der Aufdeckung und den damit verbundenen Geheimnissen um Sarahs wahre Identität verändert sich auch Julias Leben. Sie trennt sich von ihrem Ehemann, treibt ihr Kind nicht ab und zieht nach New York. In der Schlussszene im Jahr 2011 teilt sie William mit, dass ihre Tochter Sarah heißt.

Themen
Kindheit / Kinder, Holocaust, Judenverfolgung, Faschismus.
Der Film eignet sich auch für fächerübergreifende Projekte in den Unterrichtsfächern Französisch, Ethik, Religion, Geschichte.

Unterrichtsvorschläge: *fiches de travail (fdt)*

Die KV (*fdt*) gliedern sich in die Phasen *activités avant / pendant / après le visionnage*. Bei der Erarbeitung des Films stehen unterschiedliche Kompetenzen im Vordergrund und integrieren aber auch bekannte und bewährte fachdidaktische Zugänge wie Schülerorientierung, kreativ-produktive Verfahren und Methoden. Das Angebot der vorgeschlagenen Arbeitsformen fördert sowohl das kooperative und soziale als auch das selbstständige Lernen.[1]

Die *fdt 7.5* und *7.7b* sind kostenlos online erhältlich. Einfach auf www.klett-sprachen.de gehen und den Online-Link **q6n2yf** in das Suchfeld eingeben.

fdt 7.1 : Activités avant le visionnage

Material Tafel, Kopien, OHP-Folie *fdt 7.1*	Kompetenz Hör- / Sehverständnis Umgang mit dem Internet Präsentationstechniken Lesen Sprechen	Zeitbedarf optional 1–3 h
	Ablauf 1. Filmeinführung mit AA : *La France occupée : Les termes spécifiques d'un événement historique. Renseignez-vous sur l'internet sur le contexte historique du récit : « Elle s'appelait Sarah. » Prenez des notes et rapportez les faits durant le visionnage du film.* L legt Internetadresse mit Folie auf, schreibt sie an die Tafel oder kopiert sie für S.	**Sozialform / Methode**

---

1 Für die Flexibilität der Unterrichtsgestaltung wählt die Lehrperson selbstständig aus, welche der Übungen ggf. als Hausaufgabe dienen sollen.

	L'occupation de la France http://fr.wikipedia.org/wiki/Zone_occupée http://fr.wikipedia.org/wiki/Vie_en_France_sous_lOccupation_allemande *Le Camp de Beaune-la-Rolande* http://fr.wikipedia.org/wiki/Beaune-la-Rolande (camp de transit) *Illusions perdues, 1941-1942, L'orphelin du Vel d'Hiv, De l'exclusion à la déportation, Elle s'appelait Sarah – Bande annonce :* http://www.youtube.com 2. L gibt S *fdt 7.1*. AA: Herausfinden von Informationen zur DVD und Heranführen an die Protagonisten / den Film mit Hilfe des Trailers. Die S werden nach einem ersten Meinungsbild zum Film gefragt (= Schulung der Sprechkompetenz).	EA, GA, UG

Solutions

1. *Nom des acteurs : Kristin Scott Thomas, Mélusine Mayance, Niels Arestrup, Frédéric Pierrot, Michel Duchaussoy u. a.*
   Nom du réalisateur : Gilles Paquet-Brenner
   Année de la sortie du film : 2010
   Genre du film : drame
   Durée du film : 104 minutes
   Prix obtenus par le film : Tokyo Film Festival 2010 Winner audience award
2. Individuelle Schülerleistungen

fdt 7.2 : Activités pendant le visionnage

Material Tafel, Kopien, OHP-Folie *fdt 7.2*	Kompetenz Hör- / Sehverständnis Präsentationstechniken Sprechen	Zeitbedarf optional 1–2 h
	Ablauf	**Sozialform / Methode**
	S schauen Anfangsszene des Films. Es folgt die Beschreibung von Ort, Personen…. L gibt Fortgang des Films an: *Tout à coup quelqu'un frappe à la porte : C'est la police.* S äußern Vermutungen über das Erscheinen der Polizei. Vorstellung der Resultate im Plenum, ggf. Diskussion und Aussprache. Die 3. AA beendet das 1. Kapitel des Films und S beantworten dazu Fragen mit *vrai / faux*. Falsche Aussagen werden von S korrigiert. Es folgen weitere inhaltliche Fragen zur Funktion des Judensterns und dem geschichtlichen Hintergrund.	EA, GA, UG

Solutions

1. *On voit des enfants qui rient ensemble, probablement dans leur chambre. Peut-être qu'ils sont en train de jouer et de faire des bêtises. Ils sont contents. C'est une fille et un garçon. On voit une femme, c'est peut-être la mère. Elle n'est pas très heureuse.*
2. Individuelle Schülerleistungen
3. *a) faux : La police cherche le mari et le frère.*

b) faux : La petite fille dit que son père et son frère sont allés à la campagne.
c) vrai

4. *La fille porte une étoile jaune, c'est un signe pour les Juifs pendant la Seconde Guerre mondiale. Nous sommes le 16 juillet 1942. La voisine n'est pas gentille, elle semble être hostile.*

fdt 7.3 : Activités après le visionnage

Material Tafel, Kopien, OHP-Folie fdt 7.3	Kompetenz Hör- / Sehverständnis *jeu de rôle* Bildbeschreibung Präsentationstechniken Lesen Sprechen	Zeitbedarf optional 1–2 h
	Ablauf	**Sozialform / Methode**
	fdt 7.3 führt die Protagonisten Julia mit Familie ein, die von den S beschrieben werden (Aussehen, Beziehung…). Es folgt ein Vergleich der Familien aus den Jahren 1942 und 2009 in Form eines Rollenspiels gestützt durch Bildimpulse (Reaktivierung des SB-Vokabulars). Der AA endet mit einem Hör- / Sehauftrag: Abfrage von historischen Ereignissen aus dem Jahre 1942. Ergänzung durch eigenes Wissen.	EA, GA, UG

Solutions

1. *C'est une famille : un père, une mère et une fille qui s'appelle Zoë. Elle a peut-être … ans ? Le mari travaille comme architecte et il veut rénover l'appartement qui appartenait à son grand-père. Ils semblent être contents.*

2. *La famille est contente et moderne. Elle semble être riche parce que le père est architecte et va rénover l'appartement. La famille de l'année 1942 vit pendant la Seconde Guerre mondiale, elle a peur. Leur petit fils est caché par la sœur et les voisins ne sont pas gentils. Ils semblent avoir des problèmes et sont juifs. On les a déportés.*

3. Individuelle Schülerleistungen

4. *Julia est au bureau avec ses collègues. Elle est journaliste. Ils parlent d'une déportée qui a réclamé des indemnités avec succès. Julia s'intéresse à ces nouvelles car elle a déjà écrit un reportage en 2002 lors du soixantième anniversaire de la Grande rafle du Vel' d'Hiv qui avait paru dans le magazine « Time ». Elle s'intéresse à tout ce qui a rapport à la déportation et à la rafle dans la capitale.*
   Ce qu'on apprend : juillet 1942 : on a déporté 13 000 Juifs, parmi eux 800 femmes et enfants et on les a apportés dans des camps.

fdt 7.4 – 7.7 : Activités

Material	Kompetenz	Zeitbedarf optional
Tafel, Kopien, OHP-Folie **fdt 7.4** **fdt 7.5 online** **fdt 7.6** **fdt 7.7 a** **fdt 7.7 b online**	Hör-/Sehverständnis Bildbeschreibung Präsentationstechniken Lesen Sprechen	fdt 4; fdt 5; fdt 6: fdt 7a +7b 2–4h

	Ablauf	**Sozialform/Methode**
	fdt 7.4–7.7 verlangen von S detaillierte Kenntnisse des Films und können optional eingesetzt werden. *fdt 7.4* verlangt in Nr. 1. richtige Satzergänzungen nach einer Hör-/Sehverstehensaufgabe. Die Ergebnissicherung erfolgt im Plenum. Nr. 2 bezieht sich auf freie S-Äußerungen. Nr. 3 hat das Sich-Einfühlen in eine Person als Hauptschwerpunkt (z. B. Erraten und Begründung der Gedanken von Sarahs Vater). Hier wird die Sprechkompetenz geschult. Tipp: Methode der strukturierten Kontroverse aus FUF 116 S. 10. Nr. 4 hat als Schwerpunkt Bildbeschreibung / Personbeschreibungen. *fdt 7.5*: Hilfestellungen für das Verfassen eines Porträts zu einer Person nach Wahl. *fdt 7.6 / 7.7 a + b* können im Sinne der Binnen-differenzierung als Hintergrundinformationen behandelt werden und liefern S Möglichkeit, ihr Wissen auszubauen. Die AA bieten sich u. a. als Thema für eine GFS (Gleichwertige Feststellung von Schülerleistungen) oder als Vorbereitung für mündliche Präsentationen im Unterricht an (z. B. Gruppenpuzzle / *classe en puzzle*). *fdt 7.6*: Rede des französischen Staatspräsidenten Jacques Chirac (1995–2007) anlässlich des Jahrestages der Razzia vom Vélodrome d'Hiv am 16. Juli 1995. Es kann auch der Fernsehbericht unter folgendem Link herangezogen werden: http://www.ina.fr/economie-et-societe/vie-sociale/video/CAB95040420/vel-d-hiv-chirac.fr.html Auszüge aus der Gedenkveranstaltung mit Jacques Chirac werden innerhalb des Spielfilms im Rahmen einer TV-Sendung gezeigt, so dass S durch eine vorherige Begegnung mit dem Originaltext der Rede bereits mit dem Inhalt und der besonderen geschichtlichen Bedeutung von Chiracs *Discours* vertraut sind. *fdt. 7.7 a + b*: *Le camp de Drancy* greift das Thema Bildbeschreibung und den Umgang mit Sachtexten auf. Hier bietet sich die im FUF 116 S. 10 vorgeschlagene Methode des REP an. Die L sollten darauf achten, dass diese Methode in abgewandelter Form angeboten werden muss, da nur eine Fragestellung zum Sachtext vorhanden ist.	EA, GA, UG

Solutions fdt 7.4

1. *Dans le camp de rassemblement, il y a peu de nourriture et de boissons, il fait une chaleur extrême, les conditions hygiéniques sont misérables.*
   Les gens dans le camp ont peur, pleurent, discutent ensemble, se suicident.

2. *Anna connaît un gardien, elle sait qu'il aide les Juifs parce qu'ils sont déportés de Drancy, Beaune-la-Rolande et Pithiviers à Auschwitz. Il faut prendre le bus à gauche et pas à droite. Elle se blesse à la bouche et fait disparaître son étoile jaune. Une infirmière l'amène à l'infirmerie. Là, elle rencontre le gardien sympa, reçoit des documents et peut s'enfuir.*

3. Individuelle Schülerleistungen: *p. ex. J'ai peur. Je ne sais pas ce qu'ils vont faire de ma famille mais je dois être forte – forte pour ma famille.*
   Hinweis für den Lehrer: Hier bietet sich die Methode der strukturierten Kontroverse aus FUF 116, S. 10 an.

4. Individuelle Schülerleistungen mit Vorgaben: *p. ex. Sur la photo, on voit… ; Ils ont les cheveux / l'air / les yeux… ; Ils portent… ; Ils se trouvent… ; Ils se sentent… ; À l'arrière-plan / au milieu de la photo, on voit… ; L'atmosphère qui prédomine sur la photo…*

Solutions fdt 7.5 + 7.6 + 7.7 a + b

Individuelle Schülerleistungen mit Besprechung im Plenum

fdt 7.8 : Activités après le visionnage

Material	Kompetenz	Zeitbedarf optional
Tafel, Kopien, OHP-Folie *fdt 7.8*	Hör- / Sehverständnis Bildbeschreibung Präsentationstechniken Lesen Sprechen	1–2h
	Ablauf	**Sozialform / Methode**
	fdt 7.8 verlangt von S individuelle Aufgabenstellungen und Mutmaßungen. S beschreiben Sarahs Fluchtverhalten. Bei der Reaktion von Jacques mutmaßen S, weshalb er die Mädchen fliehen lässt. Unterstützt werden Sprech- und Schreibhandlungen der S mit Bildimpulsen. Der letzte AA ist kreativ: S überlegen sich den Fortgang der Geschichte nach der Flucht.	EA, GA, UG

Solutions

1. *courageuse, fière, forte*

2. Individuelle Schülerleistungen mit Begründungen: *p. ex. Jacques éprouve de la pitié. « Les pauvres enfants ! Ils ont perdu leurs parents et la fuite, c'est la seule chance qui reste. Je dois les aider et les laisser s'enfuir. Ce sont juste des enfants. »*
   Hinweis für den Lehrer: Hier bietet sich die Methode der strukturierten Kontroverse aus FUF 116, S. 10 an.

3. Individuelle Schülerleistungen: *p. ex. Sarah et Rachel sont en train de s'enfuir du camp. Elles se sentent… et ont l'air… . Les couleurs de la photo sont… . Sarah porte… et elle a … . Rachel porte… et elle a … L'atmosphère sur la photo ressemble à … .*

fdt 7.9 : Activités après le visionnage

Material Tafel, Kopien, OHP-Folie *fdt 7.9*	Kompetenz Hör- / Sehverständnis Bildbeschreibung Präsentationstechniken Lesen Sprechen	Zeitbedarf optional 1–2h
	Ablauf	**Sozialform / Methode**
	Inhaltliche Fragen werden mit *multiple choice*-Auf-gaben überprüft. Ebenso wird im AA 2 verfahren. Bei AA 3 beschreiben die S mithilfe von Bildimpulsen Szenen und beantworten Fragen zur Handlung. AA 4 + 5 fördern das Seherlebnis und verlangen von den S eigene Mutmaßungen über Verhaltens-weisen.	EA, GA, UG

Solutions

1. *Elle meurt d'une diphtérie.*
2. *a) Le couple Dufaure s'occupe des deux filles. Il les recueille sous son toit et il les soigne. Il risque aussi d'être arrêté par les Nazis. Il est courageux.*
   b) dans la cave

3.

Le gardien du camp Jacques	Le fermier Monsieur Dufaure
Jacques empêche d'abord Sarah et sa copine de s'enfuir, puis il les aide à s'échapper en rampant sous la clôture du camp. Il risque d'être observé par un policier placé sur un mirador.	*Le fermier M. Dufaure refuse d'abord d'héberger les deux enfants. Le lendemain, il les trouve dans la niche de son chien de garde. Il les ramène dans sa maison et s'occupe de la fille qui est malade. Le couple recueille les deux filles sous son toit et les soigne.* *Mme Dufaure cache Sarah devant les soldats allemands. En mentant, elle risque d'être arrêtée par les Nazis.*

4. *Au début, Sarah a peur. Après, elle a confiance parce que Mme Dufaure l'a embrassée.*
5. *Julia n'arrête pas de faire des recherches sur la famille Starzynski parce qu'elle ne trouve pas les noms des enfants sur les listes de déportation. En plus, elle a des soupçons : l'appartement des grands-parents de son mari est l'appartement de la famille Starzynski.*

fdt 7.10 : *Activités après le visionnage*

Material Tafel, Kopien, OHP-Folie *fdt 7.10*	Kompetenz ggf. Umgang mit dem Internet (z. B. Bilder) Präsentationstechniken Bildbeschreibung (vorliegendes Bild, evtl. Internet) Lesen Sprechen	Zeitbedarf optional 1–2h
	Ablauf	**Sozialform / Methode**
	S erhalten Bildimpulse zu den Hauptfiguren. Sie bilden Gruppen von 3–6 Personen. Jede Gruppe wählt eine Figur aus, macht sich Notizen und stellt diese im UG vor. Nach Präsentation aller Figuren erfolgt ein Austausch über die Protagonisten des Films (Charakteristika / Konstellationen). Es entsteht ein Resümee des Films. An dieser Stelle bietet sich ebenfalls ein *jeu de rôle* an, in welchem die S Personenkonstellation und Inhalt des Films kreativ interpretieren können.	EA, GA, UG

Solutions

Individuelle Schülerleistungen

fdt 7.11 : *Activités après le visionnage*

Material Tafel, Kopien, OHP-Folie *fdt 7.11*	Kompetenz Präsentationstechniken Lesen Sprechen	Zeitbedarf optional 1–2h
	Ablauf	**Sozialform / Methode**
	Bildimpulse zum Cover der DVD und zum Buch sowie Auszüge des Romananfangs regen die S an, sich mit Film und Buchvorlage vergleichend zu beschäftigen.	EA, GA, UG

Solutions

1. – 2., 4. Individuelle Schülerleistungen
3. *Les différences :*
   - *Dans le roman, Sarah meurt en 1972. Dans le film, il est dit que Sarah s'est suicidée en 1966, ce qui brise cette logique.*
   - *Dans le film, Julia rencontre William Rainsferd seule. Dans le roman, sa fille Zoé l'accompagne.*
   - *De même, leur rencontre a lieu à Lucca dans le livre et à Florence dans le film. Il ne s'agit toutefois que d'un changement infime puisque ces deux villes se situent toutes les deux en Toscane.*
   - *Dans le livre, quand les policiers emmènent Rachel, celle-ci est agonisante mais encore en vie. Dans le film, elle meurt avant d'être emmenée.*
   - *Dans le roman, quand Sarah prend le train pour Paris avec Jules et Geneviève Dufaure, elle ruse pour échapper aux contrôles et entre seule dans le train. Dans le film, ils montent tous les trois en même temps.*
   - Les enfants du camp, dont Sarah, se font tondre les cheveux par les policiers dans le livre, mais pas dans le film.

fdt 7.12 Activités après le visionnage

Material Tafel, Kopien, OHP-Folie **fdt 7.12**	Kompetenz Umgang mit dem Internet Präsentationstechniken Lesen Sprechen	Zeitbedarf optional 1h
	Ablauf	**Sozialform / Methode**
	S halten mündlich ihre Meinung zum Film fest. Danach verfassen sie mit Hilfe von Vorgaben und Rechercheaufgaben im Internet eine eigene Filmkritik, die im Plenum besprochen oder von L eingesammelt und korrigiert werden kann. L können hierzu auf die Hilfestellungen zur Meinungsäußerung in FUF 116 S. 30 *(expressions utiles)* zurückgreifen.	EA, GA, UG

Solutions
Individuelle Schülerleistungen

Pour aller plus loin

Material Tafel, Kopien, OHP-Folie	Kompetenz Hör- / Sehverständnis Umgang mit dem Internet Präsentationstechniken Lesen Sprechen	Zeitbedarf optional 1–3h
	Ablauf	**Sozialform / Methode**
	L kann am Ende der Behandlung des Films Projekte / Schreibaufträge behandeln.	EA, GA, UG

Pour aller plus loin: projets et travaux d'écriture

– Schreibaufträge:

1. *Analysez le titre de l'œuvre. Quelles scènes du film correspondent avec le titre ? Quel lien peut-on établir entre ce titre et ce que vous savez du destin des Juifs déportés ?*

2. *« Elle ne me quittait jamais. Elle m'avait changé pour toujours. Son histoire, sa souffrance, je les portais en moi. J'avais la sensation de l'avoir connue ».*
   Écrivez une lettre à l'auteur ou au réalisateur de « Elle s'appelait Sarah » pour lui expliquer l'impact que son œuvre a eu sur vous et en quoi elle a changé votre vie.

3. *Qui est responsable de la mort du frère de Sarah ? Essayez de nuancer votre réponse en distinguant culpabilité objective et culpabilité subjective (ressentie par les personnages).*

- Projekte zum 2. Weltkrieg:
  L kann AA in GA verteilen. Ergebnisse werden nach entsprechenden
  Internetrecherchen vorgetragen. Wandplakate / Poster dürfen erstellt werden.
  1. *La déportation des Juifs durant la Seconde Guerre mondiale (Par qui ?
     Pourquoi ? Comment ?)*
     - http://perso.wanado.fr/d-d.natanson/ *(site de Mémoire juive et éducation)*
     - http://www.musee-resistance.com/visGuid/peuHist/index.asp *(visite
       guidée du Musée de la Résistance)*
     - http://www.memorial-cdjc.org *(site du Mémorial de la Shoah)*
     - http://www.cie.fr/urdf/vichy/savait.htm *(la lettre des Résistants et
       déportés juifs : « Vichy savait »)*
     - http://www.camp-de-drancy.asso.fr *(site du camp de transit de Drancy)*
     - http://ww.izieu.alma.fr/francais/frame_principale.htm *(site du Musée-
       mémorial des Enfants d'Izieu)*
     - http://www.educreuse23.ac-limoges.fr/loewy/realisations/enfants/
       sommaire.htm
     - *(sur le sauvetage des enfants juifs – témoignages et nombreuses
       informations sur l'époque, sur l'antisémitisme etc.)*
     - http://www.chez.com/memoirevive/ *(sur les déportations de prisonniers
       politiques)*
  2. *Les Juifs dans la France d'aujourd'hui : Qui sont-ils ? Comment se définissent-
     ils ? Quels sont leurs centres d'intérêt ?*
     - http://www.topj.net *(site portail de la communauté juive francophone)*
     - http://www.alliancefr.com *(magazine interactif de la communauté juive
       francophone)*
     - http://www.col.fr *(site institutionnel de la communauté juive de France)*
     - http://consistoire.org *(site du Consistoire Central de France, la plus
       ancienne institution juive française)*
     - http://www.col.fr/tj/ *(site du magazine Tribune juive)*
     - http://www.cjc.ca/holidayguide-fr.htm *(description des fêtes juives)*

Filmografie
- Paquet-Brenner, Gilles (Regisseur). (2010). *Elle s'appelait Sarah*. France : Feature
  Film ; Hugo Productions ; Studio 37, DF1

Introduction au film

1. *Regardez la fiche signalétique du film sur Internet et remplissez-la. Vous pourriez aussi utiliser la couverture du film de votre prof.*

   Elle s'appelait Sarah

   Nom des acteurs :

   _____

   _____

   Nom du réalisateur :

   _____

   Année de la sortie du film :

   _____

   Genre du film :

   _____

   Durée du film :

   _____

   Prix obtenus par le film :

   _____

KRISTIN SCOTT THOMAS

ELLE S'APPELAIT
SARAH
UN FILM DE GILLES PAQUET-BRENNER

2.

a) *Regardez la bande-annonce sur Internet http://www.youtube.com, la première fois sans son. Prenez des notes sur l'action et les personnes. Racontez brièvement.*

b) *Regardez la bande-annonce une deuxième fois avec son et comparez vos premières impressions avec les informations ajoutées. Ajoutez vos idées et impressions en ce qui concerne les personnages, le lieu, le cadre...*

   _____

   _____

   _____

c) *Comment trouvez-vous la bande-annonce ? En la regardant, avez-vous envie d'aller voir le film ?*

   _____

   _____

   _____

Klett

Chapitre 1 : La visite de la police

1. *Regardez le premier épisode (jusqu'à 2.00') du chapitre 1 et décrivez la scène (les personnes, le lieu, le cadre...).*

_____

_____

2. *Tout à coup, quelqu'un frappe à la porte : C'est la police. Faites des hypothèses : pourquoi est-ce que la police arrive ? Présentez vos résultats devant la classe.*

_____

_____

3. *Regardez la fin du chapitre 1 et répondez aux questions. Corrigez les phrases qui ne sont pas correctes.*

	vrai	faux
a) La police cherche le mari et la sœur.	☐	☐
b) La petite fille dit que son père et son frère sont allés voir les grands-parents.	☐	☐
c) La petite fille cache son frère derrière un mur.	☐	☐

_____

_____

_____

_____

4. *La fin de la scène : Qu'est-ce que la petite fille porte sur ses vêtements ? Quel est le comportement de la voisine envers la petite fille ? Quand la scène se passe-t-elle ? Qu'est-ce que vous savez sur cette époque ?*

_____

_____

_____

_____

Chapitre 2 : Un nouvel appartement

1. *Regardez le premier épisode du chapitre 2 jusqu'à la scène au bureau d'architectes (7.41'). Décrivez les personnes et la relation entre eux.*

_____

_____

_____

2. *Observez la famille de 2009 et comparez-la avec la famille de l'année 1942 (première scène).*

_____

_____

3. *Jeu de rôle : Les enfants en 1942 et aujourd'hui. Choisissez une carte, lisez les instructions et discutez.*

jeu de rôle A les enfants et la famille en 1942	jeu de rôle B les enfants et la famille modernes

Ta copine / Ton copain et toi, vous comparez les chambres des jeunes en 1942 et aussi les familles dans le film. Vous parlez de la photo ci-dessus. Décris-la à ton partenaire et explique ce que tu peux voir et ce qui est typique pour cette époque-là. Tu as 2 minutes pour la regarder, pour trouver d'autres idées et impressions et pour prendre des notes si tu veux. Tu commences la conversation.	Ta copine / Ton copain et toi, vous comparez les chambres des jeunes d'aujourd'hui et aussi les familles. Vous parlez de la photo ci-dessus. Décris-la à ton partenaire et explique ce que tu peux voir et ce qui est typique pour aujourd'hui. Tu as 2 minutes pour la regarder, pour trouver d'autres idées et impressions et pour prendre des notes si tu veux. Ton partenaire commence la conversation.

4. *Regardez la deuxième partie du chapitre 2. Julia est en train de discuter avec ses collègues. De quoi est-ce qu'ils parlent ? Qu'est-ce qu'on apprend ?*

Chapitre 3 : Le camp de rassemblement

1. *Regardez la scène du chapitre trois et répondez aux questions suivantes. Cochez toutes les bonnes réponses.*

   Dans le camp de rassemblement, ...

   ☐ il y a peu de nourriture et de boissons.   ☐ il fait une chaleur extrême.
   ☐ les conditions hygiéniques sont misérables.   ☐ il fait très froid.
   ☐ il y a peu de vêtements.

   Les gens dans le camp...

   ☐ ont peur.   ☐ pleurent.   ☐ discutent ensemble.
   ☐ rigolent.   ☐ jouent ensemble.   ☐ se suicident.

2. *Comment est-ce que la femme juste à côté de la famille Starzynski s'appelle ?*
   Décrivez comment elle réussit à quitter le camp de rassemblement.

3. *Que pense le père de Sarah en allant vers les gardiens ? Cochez ce qui vous semble réaliste. Justifiez votre choix.*

   ☐ Oh mon Dieu. Anna quitte le camp. Et mon fils ? Je dois faire quelque chose.

   ☐ Pourquoi est-ce qu'ils ne m'aident pas ?

   ☐ Je suis désespéré.

   ☐ J'ai peur.

   ☐ Pourquoi est-ce que Sarah l'a serré dans ses bras ?

   ☐ Nous sommes perdus.

   ☐ Je veux mourir.

4. *Regardez la photo de la famille Starzynski. Choisissez une personne de la famille et faites son portrait.*
   Commencez par le portrait physique, puis parlez de son caractère. Prenez comme point de départ les indications
   fournies par le film / le texte, puis complétez ces informations à partir de vos impressions personnelles.

Le devoir de mémoire

Le 16 Juillet 1995, lors des cérémonies de commémoration de la grande rafle des 16 et 17 juillet 1942, le Président de la République Jacques Chirac prononce un discours à propos des responsabilités de l'État français dont voici de larges extraits. Lisez le texte et présentez le document et l'esprit de ce discours.

une rafle Razzia

5 [...] Il est, dans la vie d'une nation, des moments qui blessent la mémoire, et l'idée que l'on se fait de son pays. Ces moments, il est difficile de les évoquer, parce que ... ces heures noires souillent à jamais notre histoire, et sont une injure à notre passé et à nos traditions. Oui, la folie criminelle de l'occupant a été secondée par des Français, par l'État français.

souiller besudeln
une injure une insulte

10 Il y a cinquante-trois ans, le 16 juillet 1942, 450 policiers et gendarmes français, sous l'autorité de leurs chefs, répondaient aux exigences des nazis.

Ce jour-là, dans la capitale et en région parisienne, près de dix mille hommes, femmes et enfants juifs furent arrêtés à leur domicile, au petit
15 matin, et rassemblés dans les commissariats de police. ...

Pour toutes ces personnes arrêtées, commence alors le long et douloureux voyage vers l'enfer. Combien d'entre-elles ne reverront jamais leur foyer ? Et combien, à cet instant, se sont senties trahies ? Quelle a été leur détresse ?

la détresse Not, Verzweiflung
les Lumières Aufklärung
une terre d'accueil Gastland

20 La France, patrie des Lumières et des Droits de l'Homme, terre d'accueil et d'asile, la France, ce jour-là, accomplissait l'irréparable. Manquant à sa parole, elle livrait ses protégés à leurs bourreaux.

Conduites au Vélodrome d'hiver, les victimes devaient attendre plusieurs jours, dans les conditions terribles que l'on sait, d'être dirigées
25 sur l'un des camps de transit – Pithiviers ou Beaune-la-Rolande – ouverts par les autorités de Vichy.

L'horreur, pourtant, ne faisait que commencer. ...

Cinquante ans après, fidèle à sa loi, mais sans esprit de haine ou de vengeance, la Communauté juive se souvient, et toute la France avec elle.
30 Pour que vivent les six millions de martyrs de la Shoah. Pour que de telles atrocités ne se reproduisent jamais plus. ...

les atrocités (f) Greueltaten
l'intégrisme (m) fundamentalistische Strömung

Quand souffle l'esprit de haine, avivé ici par les intégrismes, alimenté là par la peur et l'exclusion. Quand à nos portes, ici même, certains groupuscules, certaines publications, certains enseignements, certains
35 partis politiques se révèlent porteurs, de manière plus ou moins ouverte, d'une idéologie raciste et antisémite, alors cet esprit de vigilance qui vous anime, qui nous anime, doit se manifester avec plus de force que jamais.

rien n'est indissociable nichts kann isoliert gesehen werden

En la matière, rien n'est insignifiant, rien n'est banal, rien n'est dissociable. Les crimes racistes, la défense de thèses révisionnistes, les
40 provocations en tout genre – les petites phrases, les bons mots – puisent aux mêmes sources. ...

Les valeurs humanistes, les valeurs de liberté, de justice, de tolérance qui fondent l'identité française et nous obligent pour l'avenir.

Ces valeurs, celles qui fondent nos démocraties, sont aujourd'hui
45 bafouées en Europe même, sous nos yeux, par les adeptes de la „purification ethnique". Sachons tirer les leçons de l'Histoire. N'acceptons pas d'être les témoins passifs, ou les complices, de l'inacceptable. ...

bafouer mit Füßen treten
un adepte Anhänger, Befürworter

Klett

Le camp de Drancy

1. *Regardez la photo du camp de Drancy et décrivez-la.*

2. *Lisez les informations sur Drancy et présentez les faits principaux devant la classe.*

Drancy est un camp de transit, situé à quelques kilomètres de Paris dans la banlieue nord-est, où ont été internés de 1941 à 1944 des milliers de Juifs étrangers et français, avant d'être déportés vers les camps de la mort.

Par le décret du 1er novembre 1940, un camp est installé à Drancy, placé directement – bien que l'on soit en zone occupée – sous l'administration de la préfecture de police. Jusqu'en juillet 1943, ce camp est mis sous la surveillance exclusive de la gendarmerie française. Il s'agit tout d'abord d'y interner tous les opposants réels ou possibles et les Juifs étrangers qui, le cas échéant, peuvent servir d'otages. Cependant l'accélération de la politique d'extermination des Juifs menée par le IIIe Reich transforme Drancy, dès le 20 août 1941, en un camp de rassemblement des Juifs faits prisonniers dans le reste de la zone occupée mais aussi de la zone libre, et de transit, à partir de la gare de Drancy-Le Bourget, vers les camps de concentration et d'extermination nazis. Surtout, avec la prise en charge du camp par les SS à partir de juillet 1943, le rythme des convois vers la déportation s'accroît très fortement, tandis que les nazis ne font plus aucune distinction entre Juifs étrangers et Juifs français, ces derniers étant censés être protégés par le gouvernement de Vichy. Ainsi d'août 1941 à juillet 1942, quatre convois partent, mais quarante de juillet 1942 à juillet 1943, et vingt et un de juillet 1943 au 17 août 1944, date du départ du dernier convoi. 76 000 personnes, hommes, femmes et enfants, y sont internées – comme celles arrêtées lors de la rafle du Vel' d'Hiv' les 16 et 17 juillet 1942 –, dans des conditions de détention telles que beaucoup meurent sur place, comme le poète Max Jacob en 1944. De 1941 à 1944, 73 853 personnes ont été envoyées dans les camps de la mort. À peine 3 000 d'entre elles en sont revenues. Lors de la libération du camp, le 17 août 1944, 1 467 personnes y étaient encore destinées à la déportation.

Chapitre 6: La fuite de Sarah

1. *Comment se comporte Sarah quand elle est en train de s'enfuir avec sa copine Rachel ?*

   Elle est…

   ☐ courageuse   ☐ timide   ☐ fière   ☐ forte   ☐ faible

2. *Quelle est la réaction de Jacques ? Pourquoi laisse-t-il Sarah et sa copine Rachel quitter le camp ? Cochez ce qui vous semble convaincant et justifiez votre choix.*

   ☐ Il est touché car Sarah dit son nom.   ☐ Il a aussi des enfants.

   ☐ Il les regarde comme des êtres humains.   ☐ Il est humain.

   ☐ Il aime les filles.   ☐ Il éprouve de la pitié.

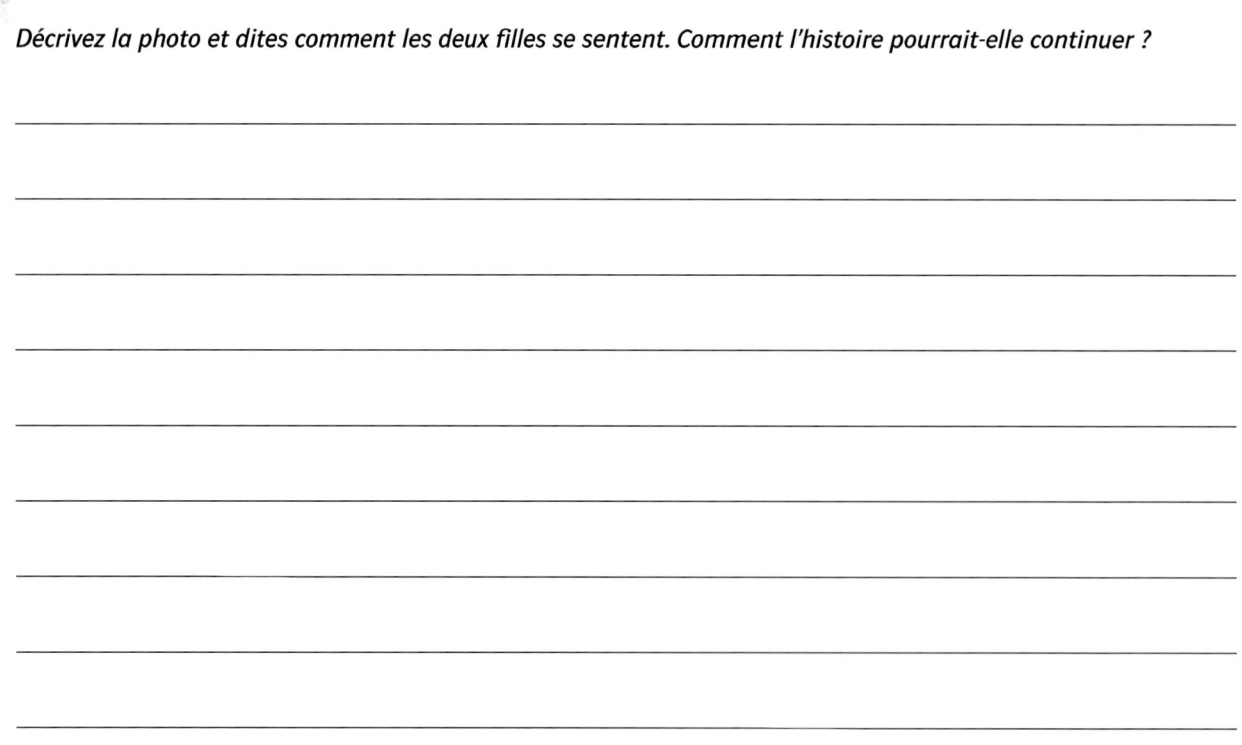

3. *Décrivez la photo et dites comment les deux filles se sentent. Comment l'histoire pourrait-elle continuer ?*

   _____

   _____

   _____

   _____

   _____

   _____

   _____

   _____

Klett

Chapitre 7: Refuge pour Sarah

1. *Qu'est-ce qui se passe avec Rachel dans cette scène ?*

   ☐ Elle meurt d'une pneumonie. ☐ Elle meurt d'une diphtérie.

2 a) *Décrivez le couple Dufaure.*

   _____

   _____

   _____

2 b) *Où est-ce qu'ils cachent Sarah devant la police ?*

   ☐ Derrière un mur. ☐ Dans la cave. ☐ Dans la grange.

3. *Il y a d'autres situations courageuses de résistance dans le film où on peut voir qu'il y avait toujours des personnes qui ont aidé les Juifs durant les années 1940–44. Regardez les photos et décrivez les scènes et les activités entreprises par les hommes et les femmes pour sauver les enfants juifs.*

Le fermier Monsieur Dufaure

Le gardien du camp, Jacques

4. *Pourquoi Sarah ne dit pas son vrai nom à Mme Dufaure au début ?*
   Pourquoi est-ce qu'elle le fait finalement ?

5. *Pourquoi est-ce que Julia n'arrête pas à faire des recherches sur la famille Starzynski ? Quelle est la raison pour laquelle elle n'aime pas parler avec Édouard Tézac ?*

Qui est qui ?

Cherchez les photos des protagonistes du film. Formez des groupes de trois élèves. Découpez les cartes et collez les photos. Chaque élève choisit trois cartes. Prenez des notes (aussi au verso de la carte ou sur une autre feuille de papier).
Présentez vos personnages et parlez des relations entre eux.

Sarah jung und erwachsen	Sarahs Bruder Michel	Sarahs Eltern
_____	_____	_____
_____	_____	_____
_____	_____	_____
_____	_____	_____
_____	_____	_____
Sarahs Freundin Rachel	Ehepaar Dufaure	William / Ehemann Richard Rainsferd
_____	_____	_____
_____	_____	_____
_____	_____	_____
_____	_____	_____
_____	_____	_____
Julia Jarmond mit kleiner Tochter Sarah	Ehemann von Julia und Tochter Zoë	Schwiegereltern Tézac in der Wohnung im Marais
_____	_____	_____
_____	_____	_____
_____	_____	_____
_____	_____	_____
_____	_____	_____

Le film et le livre

1. *Comparez les extraits du roman aux scènes du film. Dégagez les points communs et les différences à l'aide du vocabulaire indiqué:*

> Contrairement à / Au contraire de...
> Un point commun / Une similitude est...
> En comparaison avec / Comparé à...

2. *Dans le roman / le film vous trouvez une alternance entre le passé et le présent. Résumez le récit et comment le début se reflète dans le film.*

Extrait : « Paris, juillet 1942 »
La fillette fut la première à entendre le coup puissant contre la porte. Sa chambre était la plus proche de l'entrée de l'appartement. Dans la confusion du sommeil, elle avait d'abord pensé que c'était son père qui remontait de la cave où il se cachait [...] Mais bientôt des
5 voix s'élevèrent dans le silence de la nuit, fortes et brutales. Ce n'était pas son père. « Police ! Ouvrez ! Tout de suite ! » Le martèlement reprit, plus fort encore. Vibrant jusque dans la moelle de ses os. Son jeune frère, qui dormait à côté d'elle, commença à s'agiter dans son lit. «Police ! Ouvrez ! Ouvrez ! » Quelle heure était-il ? Elle jeta un coup d'œil entre les rideaux. Il faisait encore sombre.
10 Elle avait peur. Elle pensait à ces conversations, ces murmures nocturnes, que ses parents avaient échangés croyant qu'elle dormait. Mais elle avait tout entendu. Elle s'était glissée jusqu'à la porte du salon et là, avait écouté et regardé ses parents à travers une petite fente dans le bois. Elle avait entendu la voix nerveuse de son père. Avait vu le visage angoissé de sa mère. Ils discutaient dans leur langue natale, que la fillette comprenait, même si elle ne la
15 parlait pas très bien. Son père avait dit tout bas que les temps à venir seraient difficiles. Qu'il faudrait être courageux et très prudent. Il avait prononcé des mots étranges et inconnus : « camp », « rafle », « arrestation », et elle se demandait ce que tout cela pouvait bien signifier. Son père, toujours très bas, avait ajouté que seuls les hommes étaient en danger, que les femmes et les enfants n'avaient rien à craindre, et qu'il irait donc chaque soir se cacher. [...]
20 (p. 15/16)
Extrait : « Paris, mai 2002 »
Bertrand était en retard, comme à son habitude. J'essayai de ne pas m'en soucier, sans y parvenir. Zoë s'appuya contre le mur, visiblement lassée. Elle ressemblait tant à son père que cela me faisait souvent sourire. Mais pas aujourd'hui. Je levai les yeux sur le vieil immeuble.
25 La maison de Mamé. L'ancien appartement de la grand-mère de Bertrand. C'était là que nous devions emménager. Nous allions quitter le boulevard Montparnasse, sa circulation bruyante, le va-et-vient continu des ambulances qui filaient vers les hôpitaux voisins, ses cafés, ses restaurants, pour cette rue étroite et tranquille sur la rive droite de la Seine. Le Marais n'était pas un arrondissement qui m'était familier, mais j'admirais sa beauté délabrée
30 d'autrefois. [...].
"Le voilà, dit Zoë. Avec juste une demi-heure de retard ! » Nous le vîmes arriver vers nous de son pas nonchalant et sensual. Mince, brun, un sex-appeal débordant, l'archétype même du Français Il était au téléphone, comme toujours. Quelques pas en arrière, son associé le suivait. Antoine, un barbu rougeaud. Leur bureau était situé rue de l'Arcade, juste derrière la
35 Madeleine.
Bertrand avait longtemps travaillé dans un cabinet d'architects, bien avant notre marriage, mais depuis cinq ans, il avait monté le sien avec Antoine. [...] Zoë n'avait que onze ans, mais parfois on avait l'impression d'avoir déjà devant soi une adolescente. D'abord parce qu'elle

dépassait d'une tête toutes ses copines – « avec des pieds en proportion », ajoutait-elle en
40 râlant – et aussi parce qu'elle faisait preuve d'une lucidité qui me coupait le soufflé. Il y avait
quelque chose d'adulte dans la solennité de son regard noisette, dans la façon dont elle
relevait le menton d'un air réfléchi. Elle avait toujours été comme ça, depuis toute petite.
Calme, mûre, meme un peu trop pour son âge. (p. 19/20)

Tatiana de Rosnay, *Elle s'appelait Sarah* © Éditions Héloïse d'Ormesson 2007

3. *Après avoir vu le film :*
   Où trouvez-vous des différences ?

   _____

   _____

   Qu'est-ce que vous en pensez ?

   _____

   _____

   Attention : Si vous lisez tout le livre, vous pouvez parler de toutes les différences.

4. *Monologue*

   *Regarde la couverture à droite du livre et la couverture du film (fdt 7.1). Il y a
   beaucoup de films qui sont des adaptions de livres comme p. ex. Astérix, Le
   Petit Nicolas... C'étaient des livres à succès avant qu'ils deviennent des films.
   Votre professeur sait qu'il y a beaucoup d'élèves qui préfèrent regarder des
   films au lieu de lire des livres. Prépare une petite présentation dans laquelle
   tu donnes ton opinion sur le film ou le livre. Prends 2 à 3 minutes pour la
   préparation. Tu peux prendre des notes. Les points suivants peuvent t'aider
   pour trouver d'autres idées. Tu peux aussi ajouter tes propres pensées (temps,
   imagination, complexité, avantages / inconvénients des films / livres...) .*

   Tatiana
   de Rosnay
   Elle s'appelait
   Sarah

   _____

   _____

   _____

   _____

Écrire une critique du film

1. *Répondez d'abord aux questions suivantes.*

Ce que tu as aimé, pourquoi ?	Ce que tu n'as pas aimé, pourquoi ?
✎ _____	✎ _____
_____	_____
_____	_____
_____	_____
_____	_____
_____	_____
_____	_____

2. *Choisissez un des sujets suivants :*

a) *Recherchez sur Internet des critiques du film. Choissisez-en deux qui correspondent à votre point de vue et justifiez votre choix.*

b) *Imaginez qu'un(e) correspondent(e) français(e) qui n'a pas vu « Elle s'appelait Sarah » vous demande si cela vaut la peine de regarder le DVD. Écrivez une critique du film pour lui / elle. Parlez de vos propres sentiments et utilisez vos propres mots en respectant les conseils donnés ci-contre.*

c) *Imaginez maintenant que vous faites partie d'un ciné-club de votre lycée et que vous voulez annoncer la projection de ce film. Concevez et réalisez une affiche dont le but est d'attirer le plus d'élèves possibles. Cherchez des photos sur Internet et composez un texte qui présente le film (sans raconter la fin pour maintenir le suspense !).*

Généralement, une critique doit :
- proposer un bref résumé de l'œuvre ;
- mettre en évidence ses points principaux :
- explicitement ou implicitement : refléter l'opinion personnelle et les sentiments de celui qui la rédige et déboucher sur un conseil au lecteur (aller ou ne pas aller voir le film, lire ou non le livre, etc.).

Une critique peut également :
- commenter l'action ou le message ;
- proposer quelques portraits de personages ;
- exprimer un jugement sur des aspects différents de l'œuvre (le thème, la mise en scène, le suspense, la musique, les décors, l'interprétation des comédiens, le travail de la caméra, etc.) et / ou sur la valeur artistique de l'ensemble ;
- comporter quelques remarques sur l'auteur ou de l'auteur lui-même.

Der Herausgeber und Autor

Andreas Nieweler ist Studiendirektor, Fachleiter für Französisch am Zentrum für schulpraktische Lehrerausbildung in Detmold, Geschäftsführender Herausgeber der Zeitschrift *Der Fremdsprachliche Unterricht Französisch*, Lehrbuchautor und Lehrerfortbildner.

Die Autoren

Martina Angele ist Studienrätin für die Fächer Englisch, Französisch, Spanisch und Deutsch in Konstanz / Bodensee. Sie ist außerdem Lehrbuchautorin und Referentin.

Lukas Gehlen ist Studienrat am Pelizaeus-Gymnasium in Paderborn und unterrichtet die Fächer Französisch und Deutsch.

Veit R. J. Husemann ist Studienrat im Hochschuldienst an der Fakultät für Kulturwissenschaften der Universität Paderborn und lehrt am Institut für Romanistik im Bereich Fachdidaktik Französisch und Spanisch.

Ulrike C. Lange ist Studiendirektorin, Fachleiterin für Französisch am Seminar für das Lehramt an Gymnasien und Gesamtschulen im Zentrum für schulpraktische Lehrerausbildung Recklinghausen. Mitherausgeberin der Zeitschrift *Französisch heute*, Lehrbuchautorin und Lehrerfortbildnerin.

Juliane Seeringer ist seit 2003 Lehrerin für Französisch und Musik am Kurt-Schwitters-Gymnasium Misburg in Hannover. Von 2004 bis 2007 war sie Koordinatorin des kooperativen Filmprojekts KINEMA der Regionen Niedersachsen und Haute Normandie.